Geschenke aus
PATCHWORK

Geschenke aus PATCHWORK

Ein Werkbuch im AT Verlag

© 1987
AT Verlag Aarau/Schweiz

Umschlag: AT-Grafik
Fotos: Jörg Müller
Gesamtherstellung: Grafische Betriebe
Aargauer Tagblatt AG, Aarau
Printed in Switzerland

ISBN 3-85502-307-7

Inhalt

Vorwort: Zum Gebrauch des Buches

Patchwork ist ein einfach zu erlernendes Handwerk, aber unerschöpflich in seinen Möglichkeiten. Dieses Buch kann und will nur eine Anleitung sein, die Ihre eigene Phantasie wecken soll. Je mehr Ideen und Gedanken Sie in Ihre Arbeiten einflechten, desto grösser ist die Freude und der Stolz am gelungenen Werk. Bald werden Sie entdecken, wie faszinierend die Spielerei mit Stoffen und Farben sein kann. Fangen Sie mit einer kleinen Arbeit an, wenn Ihnen das Patchen noch fremd ist.

Wir haben alle Patchworkmuster von Hand genäht und stellen Ihnen nur diese Technik vor. Die Arbeitsanleitungen der einzelnen Geschenke sind sehr kurz gehalten. Eigentlich zeigen sie nur noch die Reihenfolge der auszuführenden Arbeiten auf. Die Gesamtarbeitsanleitung ist Schritt für Schritt am Anfang des Buches erklärt und aufgezeigt. Lesen Sie diese sorgfältig vor Arbeitsbeginn und arbeiten Sie damit, bis Ihnen alle Arbeitsabläufe vertraut sind. Da sich die gleichen Arbeitsgänge stets wiederholen, werden Sie schon beim dritten oder vierten Gegenstand kaum mehr nachschlagen müssen. Die Inhaltsverzeichnisse auf den Buchklappen sollen Ihnen eine Hilfe sein, wenn Sie auf einen Arbeitsgang stossen, bei dem Sie die Anleitung brauchen oder ein bestimmtes Muster suchen. Auch die Farbbilder sollen zu Ihrer Orientierung dienen.

An dieser Stelle möchten wir allen danken, die mit Rat und Tat zum Gelingen dieses Buches beigetragen haben.

Danken wollen wir auch unseren Familien, die während Wochen rücksichtsvoll über Stoffberge und Manuskripte geklettert sind und grosszügig über die vernachlässigte Haushaltung hinweggeschaut haben.

Die Autorinnen

Patchwork: Eine alte Kunst

Als vor rund 3000 Jahren eine Ägypterin in mühsamer Kleinarbeit aus Gazellenhaut ein Leichentuch für den teuren Verstorbenen zusammennähte, dachte sie noch nicht an Patchwork. Vielmehr wurden schon damals aus Lederstücken Kleider und Decken gefertigt, weil man das kostbare Material möglichst bis zum letzten Rest aufbrauchen wollte. In den USA, wo Patchwork sich heute zu einem gern betriebenen Hobby entwickelt hat, wurde dieses Zusammennähen einzelner Stoffflicken zunächst von den ersten Einwanderern gepflegt, jedoch auch nicht zum Zeitvertreib, sondern aus der Not heraus: Bis der erste gepflanzte Flachs reif und versponnen war, bis die ersten Schafe geschoren werden konnten, um aus ihrer Wolle wärmende Decken zu machen, verging einige Zeit. Solange mussten die Reste der aus der alten Heimat mitgebrachten Quilts (Steppdecken) aushalten. Man nähte die guten Stoffstücke immer wieder zusammen, und wenn eine Decke nur noch aus wenigen guten «Flecken» bestand, schnitt man diese kurzerhand heraus und machte, zusammen mit anderen Stoffresten, eine neue Decke – das Patchwork war geboren.

Wie man weiss, waren Menschen jener Zeit zum Teil besonders abergläubisch. Dass nur Gott vollkommen ist, brachten sie mit vorsätzlich gemachten Fehlern in ihren Quilts zum Ausdruck. Diese sollten sie vor Unglück bewahren. In den Quilts der strenggläubigen Amish-people sind solche «Schönheitsfehler» besonders augenfällig. Amish-Quilts zählen heute zu den Juwelen aller Quilt-Galerien.

Die vielen Musternamen stammen einesteils aus der Religion: «Star and Cross» (Stern von Bethlehem), «Jacob's Ladder» (Jakobsleiter), andernteils aus der Natur: «Flower Basket» (Blumenkorb), «Log Cabin» (Blockhütte), «Grandmother's Flower Garden» (Grossmutters Blumengarten) und viele mehr. Viele Musternamen wurden im Laufe der Zeit umbenannt oder waren von Ort zu Ort verschieden. Nur so erklärt sich, dass die «Bärenpfote», die nach 1800 ein beliebtes Muster in Pennsylvanien und Ohio war, von Frauen in Long Island den Namen «Entenfüsse im Schlamm» (Duck's Foot-in-the-Mud) erhielt. Einen Bären hatten diese Frauen noch nie gesehen, vielmehr sahen sie eine Ähnlichkeit mit den Füssen ihrer Haustiere, die sie von der jahrelangen Aufzucht kannten. Es war also üblich, den Mustern Namen zu geben, mit denen man aus dem Alltag vertraut war. Ein weiteres Beispiel für die Namenvielfalt ist der «Indianerpfad» (Indian Trail), der unter nicht weniger als 14 verschiedenen Bezeichnungen bekannt ist.

Patchwork ist die ideale schöpferische Betätigung auch für Frauen, die in ihre Nähkünste wenig Vertrauen haben. Um diesem Hobby zu frönen, braucht es zudem weder teure Werkzeuge noch Materialien. Alte Stoffreste, Nadeln und Stecknadeln, Faden, Massstab, Bleistift einesteils, und der Wunsch, etwas Schönes oder Nützliches zu schaffen andernteils, ist alles, was es braucht. Je nachdem, wieviel Zeit man aufwenden will, wählt man einen grösseren oder kleineren Gegenstand. Saubere, gerade genähte Linien sind das A und O der

Patchworktechnik. Es ist sicher von Vorteil, wenn man bei einem Erstlingswerk nicht gleich mit einem Wandbehang von einigen tausend Teilen beginnt, sondern eher einen kleinen Gegenstand wie Stecknadelkissen, Set, Kissen, Topflappen usw. auswählt. Auch bei diesem Handwerk gilt: «Übung macht den Meister.»

Patchwork ist aber nicht nur ein Hobby, das viel Spielraum für eigene Kreativität lässt, sondern es kann auch eine Therapie sein. Mathematische Ordnung ist wichtig, sollen letztlich die verschiedenen Teilchen genau zusammenpassen. Nach gelungener Arbeit macht sich ein Gefühl der Zufriedenheit und Freude breit. Mit den Farben und Formen kann man stimulieren oder beruhigen. Die augenblickliche Stimmung und das Temperament fliessen natürlich genauso in eine Patchworkarbeit ein. Was immer man herstellt, ist einmalig und unverwechselbar.

Kleines Patchwork-Lexikon

Patchwork heisst Stück- oder Flickarbeit. Einzelne Stoffstücke gleicher oder verschiedener Grösse und Farbe werden zu einem Muster (Block) zusammengenäht. Meistens sind es alte, traditionelle Muster mit ihren bestimmten Namen und Bedeutungen, wie zum Beispiel Blazing Star, Card Trick, Log Cabin, Nine Patch.

Crazy Patchwork nennt sich auf deutsch «Verrücktes Patchwork». Es ist ein selbstentworfenes, nicht unbedingt geometrisches Muster.

Patchwork-Decke Sie besteht aus mehreren gleichen oder verschiedenen Musterblöcken, die direkt oder auch mit Zwischenstreifen zusammengefügt sind.

Quilten heisst steppen, durchnähen, wattieren, füttern, polstern. Diese Übersetzung aus dem Englischen besagt, dass zwei Stofflagen und eine Füllung durch Steppen miteinander verbunden werden. Das Quilten erfüllt zwei Funktionen, das Zusammenhalten und das Verzieren.

Quilt heisst die Steppdecke, die aus ungepatchter Oberseite, Vlies und Unterstoff durch Quilten zusammengehalten und verziert ist.

Patchwork-Quilt ist eine gepatchte, wattierte und gequiltete Decke.

Applikation ist ein mit feinen Stichen aufgenähtes Stück Stoff oder Motiv auf einem Unterstoff.

Amish-Quilt

Die Amish, eine religiöse Gemeinschaft (der Name wurde abgeleitet von Bischof Jakob Ammann aus der Schweiz), wanderten Ende des 18. Jahrhunderts wegen religiöser Verfolgung aus Süddeutschland, dem Elsass und der Schweiz nach Amerika aus. In den Staaten Pennsylvania, Ohio, Ontario und Indiana gründeten sie ihre eigenen Gemeinschaften. Sie wollten nicht der Verschwendung, dem Luxus und den Launen der Mode frönen, sondern einfach ihre Bedürfnisse befriedigen. Der grossgeschriebenen Kunst stellten sie das einfache Handwerk entgegen. Für sie gilt auch heute noch, dass die Einfachheit die Reinheit des Geistes verkörpert. In ihrem Bestreben um Wiederverwertung aller Dinge schufen sie wahre Meisterwerke von Steppdecken aus alten Stoffresten. Amish-Patchwork wird immer aus unifarbenen Stoffen zusammengesetzt. Seine Eigenartigkeit kommt durch den einfachen Aufbau zustande wie auch durch seine typischen Farben, die mit pflanzlichen Färbemitteln erreicht wurden. Bei der Stepparbeit jedoch durften sie ihre ganze Freude an Zierde und Schönheit ausdrücken.

Dieser Mini-Quilt besteht nur aus einem Mittelstück und den vier vorgestellten Umrandungen (s. S. 19). Wenn Sie sich dazu entschliessen können, als erste Arbeit einen typischen Amish-Quilt zu nähen, werden Sie zugleich auch ein attraktives Übungsstück herstellen. Dabei lernen Sie fast alle in diesem Buch vorgestellten Arbeitsgänge kennen.

Die Anleitung finden Sie auf Seite 23.

Amish Quilt (Wandbehang 60 x 60 cm)

Arbeitsmaterial

Stoff: Feine Baumwollstoffe (Stoffreste, alte Kleider, gekaufte Stoffe)

Vlies: Polyesterwatte am Meter (Füllung)

Stopfmaterial: Polyesterwatte (zum Stopfen von Stecknadelkissen, Bällen usw.)

Schreib- und Zeichenmaterial: Weicher Bleistift, wasserfester Filzstift, weisser Farb- oder Schneiderkreidestift für dunkle Stoffe, Bleistiftspitzer, Massstab, Winkeldreieck, Klebband als Quilthilfe (verschiedene Breiten)

PVC-Folie: ca. 0,25 mm dick (liegt für Ihre erste Arbeit hinten im Umschlag)

Nähmaterial: Stecknadeln, Nähnadeln (zum Patchen feine, eher längere Nadeln; zum Quilten kürzere, aber feste Nadeln), Nähfaden aus Baumwolle oder Polyester (vorwiegend weiss oder zum Stoff passend), Quiltfaden weiss oder beige (Cordonnet oder spezieller Quiltfaden), Fingerhut (auf jeden Fall zum Quilten), Messband, Scheren (sehr gute für Stoffe, alte für Folie)

Stoffwahl und Stoffvorbereitung

Zum Patchen eignen sich am besten feine
Baumwollstoffe. Sie lassen sich gut waschen,
bügeln und sind angenehm zum Verarbeiten.
Es können aber auch Stoffe aus Seide, Misch-
gewebe, feiner Wolle, Samt oder Satin
verwendet werden. Bei grösseren Arbeiten
empfiehlt es sich jedoch, nur Stoffe gleicher
Qualität zu verwenden. Die alten amerikani-
schen Quilts wurden vorwiegend aus Baum-
wollstoff gefertigt. Sie sind heute noch Beweis
für Dauerhaftigkeit und Strapazierfähigkeit.
Alle neuen Stoffe, ausgenommen Seide, Samt
und Wolle, sollten zuerst gewaschen und
gebügelt werden. So werden das Einlaufen
und die Farbechtheit geprüft.
Alle Webkanten wegschneiden!
Beim Kauf von gemustertem, gestreiftem oder
Bordürenstoff muss beachtet werden, dass
eine grössere Menge benötigt wird als bei
Unistoffen, da für optische Effekte eventuell
einzelne Motive ausgeschnitten werden.
Die Stoffe sollten nie gerissen, sondern mit
der Schere geschnitten werden.

Tip:
– Fragen Sie in Stoff- oder
  Innendekorationsgeschäften nach alten,
  nicht mehr gebrauchten Stoffmusterkol-
  lektionen. Es ist besonders reizvoll, mit
  Stoffen aus derselben Palette zu patchen.

Die Schablonen und die Arbeitsanleitung dazu ▶
finden Sie auf den Seiten 70/71. Dies sind die
Geschwister zu diesem Stern.

Spielerei mit Stoffen und Farben

Mit diesen beiden Sternen möchten wir Ihnen
ein Beispiel zeigen, wie faszinierend die Spielerei mit Stoffen und Farben sein kann.
Hier sehen Sie zweimal genau das gleiche
Muster aus den zwei gleichen Stoffen und in
der gleichen Grösse.
Durch das verschiedene Auflegen der Schablonen auf Muster- oder Streifenstoff sind
Ihren Möglichkeiten kaum Grenzen gesetzt.
Wagen Sie sich daran und lassen Sie sich
überraschen!

Schablonen

Die Schablonen werden zum Zuschneiden des Stoffes gebraucht. Dazu eignet sich PVC-Folie (Dicke 0,25 mm) am besten. Da diese durchsichtig ist, sind die einzelnen Motive oder Streifen auf dem Stoff gut sichtbar. Diese Folie hat zudem den Vorteil, dass sich die Ecken bei mehrmaligem Gebrauch nicht abnützen.

Einwandfreie Schablonen sind wichtig für das exakte Markieren der Stoffteile.

Die Folie wird direkt auf die Vorlage im Buch gelegt, nachgezeichnet und ganz genau ausgeschnitten. Die ausgeschnittenen Schablonen mit Schmirgelpapier leicht aufrauhen, damit sie auf dem zu markierenden Stoff nicht rutschen.

Die Schablonen mit einem wasserfesten Stift beschriften! *Achtung!* Diesen Stift nicht für die Stoffmarkierung gebrauchen; er ist wirklich wasserfest.

Die Vorlagen in diesem Buch sind immer ohne Nahtzugaben, also auch die von Ihnen zugeschnittenen Schablonen!

Tips:

– Zum Herstellen von Schablonen können Sie auch Folie von durchsichtigen Kalenderdeckblättern oder Schachteln verwenden, wenn sie genügend stabil sind.
– Schablonen mit wasserfestem Stift beschriften (Mustername und Grösse). Schablonen musterweise in beschriftetem Briefumschlag aufbewahren.

Markieren und Zuschneiden

Markiert wird auf der linken Stoffseite. Der zu bezeichnende Stoff sollte auf einer rutschfesten Fläche liegen. Nur so kann er sorgfältig markiert werden.

Als Unterlagen eignen sich eine Schreibunterlage oder ein stabiler Karton. Die Schablonen werden auf den Stoff gelegt und die Konturen mit einem weichen Bleistift ganz exakt nachgezeichnet. Für dunkle Stoffe kann ein weisser Farb- oder Schneiderkreidestift verwendet werden.

Achtung! Vergessen Sie beim Auflegen der Schablonen auf den Stoff und beim Ausschneiden der einzelnen Teile die Nahtzugabe von ½ cm nicht.

Beim Patchen von Hand ist es grundsätzlich unwesentlich, ob im Fadenlauf zugeschnitten wird oder nicht, es sei denn, man wolle optische Effekte erzielen.

Wird für die Fertigstellung oder für die Umrandung der Patchworkmuster die Nähmaschine gebraucht, ist es von Vorteil, wenn die Aussenkanten der Muster fadengerade sind.

Tips:

– Jede Ecke mit Punkten markieren, das erleichtert Ihnen das exakte Arbeiten.
– Stoffe können auch gewendet werden. Oft passt die Farbe der Rückseite gut in die Palette.
– Wenn Sie unsicher sind, ob die Farbenzusammenstellung gut wirkt, prüfen Sie das aufgesteckte Muster aus einiger Entfernung in einem Spiegel.
– Nützlicher Tip zu Streifen- und Bordürenstoff! Bezeichnen Sie auf den Schablonen, welche Kante fadengerade geschnitten werden muss. Denken Sie auch immer an rechte und linke Teile. (Schablone wenden!)

Nähen

Auf einem Stück Stoff (Aufstecktuch) werden die einzelnen zugeschnittenen Teile in der richtigen Reihenfolge aufgesteckt. Die rechte Seite *(unmarkierte Stoffseite)* liegt oben. Sobald die Teile aufgesteckt sind, können Sie die Arbeit nochmals prüfen und eventuell einzelne Teile austauschen.

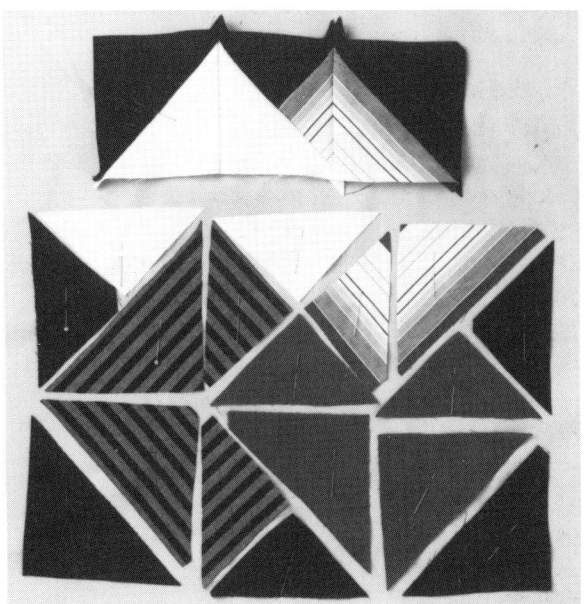

Eine Reihe zusammengenäht.

Aufstecktuch mit fertig aufgestecktem Muster-block.

Drei Einheiten zusammengenäht.

Ganzer Musterblock zusammengenäht.

Es wird in Einheiten und Reihen gearbeitet. Kleinere Einheiten werden zu grösseren Einheiten zusammengefasst, in Streifen aneinandergefügt und dann reihenweise zusammengenäht.

Fixieren der Eckpunkte.

Gesteckte Nahtlinie.

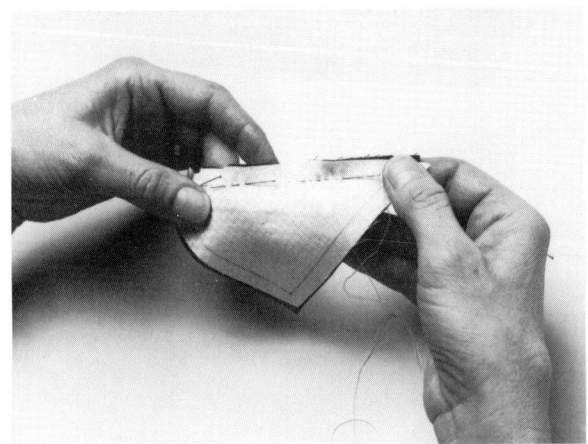

Nähen mit kleinen Vorstichen.

Die ersten zwei Stoffteile werden rechte auf rechte Seite aufeinandergelegt und die Eckpunkte mit Stecknadeln genau fixiert. Dazwischen in kurzen Abständen weitere Stecknadeln anbringen.

Zu nähen beginnen wir mit einem Knoten. Mit möglichst kleinen Vorstichen ganz genau auf der Markierung nähen. Es können immer drei bis vier Stiche auf der Nadel sein. Beim Wiedereinstechen mit einem Rückwärtsstich weiterfahren. Werfen Sie immer wieder einen Blick auf die Rückseite der Arbeit, um sicher zu gehen, dass die Nahtlinien genau aufeinanderliegen.

Am Ende der Nahtlinie, genau im Eckpunkt, mit zwei Rückwärtsstichen enden. Faden verknoten oder einfach abschneiden. Die zusammengenähten Teile, rechte Seite nach oben, wieder auf das Aufstecktuch stecken. So kann fortlaufend geprüft werden, ob das Muster richtig zusammengefügt ist.

Tips:
– Um besser einfädeln zu können, schneiden Sie den Faden im 45°-Winkel ab (bes. beim Quiltfaden).
– Damit der Faden beim Nähen nicht immer verschlingt und verknotet, ziehen Sie die ganze Fadenlänge durch das Nadelöhr und machen dann den Knoten.
– Wenn Sie fadengerade und schräggeschnittene Teile zusammennähen, müssen die Eckpunkte genau stimmen. Der schräggeschnittene, eventuell etwas verzogene Teil muss gleichmässig eingehalten werden.
– Besonders wichtig: Legen Sie die Arbeit nach jedem angenähten Teil wieder auf das Aufstecktuch. Das verschont Sie vor Verwechslungen der verschiedenen Teile.

Nähen der Sterne

Die Sterne werden von der Mitte aus zusammengenäht. Und zwar in zwei Hälften, die zuletzt zusammengefügt werden. Erst wenn der Stern komplett ist, die Aussenteile (Grundfarbe) einnähen.

Die Sternmitte ganz exakt hinzukriegen, ist eine kleine Kunst. Wichtig ist, dass Sie beim Zusammenfügen der beiden Sternhälften von aussen bis in die Mitte nähen, den Faden verknoten und für die andere Hälfte neu anfangen. Die Spitzen auf der Rückseite fächerartig aufdrehen und bügeln.

Bügeln

Die fertig zusammengenähten Patchworkmuster auf der linken Seite mit dem Dampfbügeleisen bügeln. Die Nahtzugaben *nicht* auseinanderlegen. Bei sehr dünnen Stoffen ist es wichtig, dass die hellen gegen die dunklen Stoffe gebügelt werden, damit die dunklen Farben nicht durchscheinen.

Nicht auf der rechten Seite bügeln! Bügeln Sie, wenn immer möglich, von der geplanten Quiltnaht weg; es vereinfacht das Quilten und sieht schöner aus (siehe Quilten).

So wird der Stern zusammengenäht.

Der fertig genähte, gebügelte, nachgemessene und sauber zurückgeschnittene Sternblock.

Damit sich die Sterne beim Quilten nicht verziehen, sollten sie quer über den Mittelpunkt gequiltet werden.

Tips:
- Falls der Mittelpunkt doch nicht so gut gelungen ist, applizieren Sie darauf eine kleine Stoffrondelle (Bild Seite 78).
- Bei einem Kissen passt auch ein Knopf recht gut, wenn Sie damit gleich die Kissenmitte zusammenziehen.

Vorbereitung zum Quilten

Nachdem das Muster gebügelt ist, Kanten, Spitzen und Ecken sauber zurückschneiden (siehe Seite 17). Der Musterblock wird nachgemessen und bei eventuellen Abweichungen, die durch das Nähen entstehen können, sind die Aussennahtlinien mit dem Massstab neu zu markieren. Wenn das Patchworkmuster ergänzt werden muss, jetzt Bordüren, Umrandungen* oder weitere Patchworkmuster annähen. Die Patchworkoberseite ist nun fertig. Der gewaschene, gebügelte und grosszügig bemessene Unterstoff mit der rechten Seite nach unten auf den Tisch legen. Das ebenfalls grosszügig abgemessene Vlies und die fertiggepatchte Oberseite (rechte Seite oben) sorgfältig darauflegen (Sandwich). Von der Mitte aus mit grossen Pikierstichen die drei Lagen mit Fadenschlag zusammenheften. Dabei die Stofflagen immer wieder sorgfältig nach aussen glattstreichen. Weder am Anfang noch am Ende des Fadenschlags Knoten oder Rückstiche machen, damit er beim Quilten nachgibt und leicht entfernt werden kann.
Es wird *immer* mit Unterstoff gequiltet, auch bei Kissen und Stecknadelkissen.

* Arbeitsanleitung Seite 19

Quilten

Das Quilten dient vor allem dem Zusammenhalten von Patchwork-Oberseite, Vlies und Unterstoff sowie zur Verzierung und Verschönerung des Quilts. Sind die drei Lagen mit Fadenschlag gut geheftet, mit kleinen regelmässigen Vorstichen quilten. Damit sich das Muster nicht verzieht, wird immer von der Mitte aus gequiltet (Ausnahme sind die Sterne). Damit weder auf der Ober- noch auf der Unterseite Knoten sichtbar sind, werden diese am Anfang und am Ende des Fadens jeweils sorgfältig in die Füllung gezogen. Meistens wird unmittelbar neben der Naht gesteppt, um eine plastische Wirkung zu erzielen und so die Muster noch mehr zur Geltung zu bringen. Achten Sie darauf, dass Sie durch alle drei Lagen steppen und oben und unten gleich grosse Stiche sichtbar sind. Einem Klebstreifen entlang quilten, ist die einfachste Art, gerade Linien auf den ungepatchten Teilen zu erhalten. Die Streifen können einige Male verwendet werden. Mit phantasievollem Quilten lassen sich beim selben Muster verschiedenste optische Effekte und Varianten erzielen.
Der Rand wird erst fertiggestellt, wenn die ganze Quiltarbeit beendet ist.

Der fertig pikierte Patch ist nun zum Quilten bereit.

Vorbereitet, um die geraden Linien zu quilten. (Klebband kann mehrmals verwendet werden.)

Freihandquilten

Als Beispiel Amish-Quilt, Seite 11
Mit etwas Geschick können Sie eigene Quilt-
muster entwerfen und davon Schablonen
anfertigen. Zeichnen Sie *Ihr* Muster auf PVC-
Folie oder Karton; mit Japanmesser oder
Lochzange die Quiltlinien ausschneiden
(Stege lassen) bzw. ausstanzen. Übertragen
Sie diese mit Bleistift oder selbstlö-
schendem Stift auf den Stoff. Ganz Mutige
oder Geübte zeichnen die Linien direkt auf
den Stoff oder Quilten ganz ohne Vorlage.

Tips:
– Quilten Sie auf ungepatchten Taschen-
  rückseiten die gleichen Linien wie die des
  Patchworkmusters oder Phantasiemotive,
  zum Beispiel Sonne, Katze, Spinnennetz,
  Haus, Blume.
– In besonderen Fällen darf der traditionelle
  weisse Quiltfaden durch einen farbigen,
  zum Stoff passenden ersetzt werden.

Umrandungen

Vier verschiedene Arten

Die Umrandungen dienen in erster Linie zur
Ergänzung der Patchworkmuster auf die
gewünschte Grösse.
Alle Stoffstreifen werden fadengerade zuge-
schnitten. Die Breite richtet sich nach der
notwendigen Grösse, Muster, Phantasie und
Augenmass.
Bei den *angesetzten Ecken* sollen die
Aussenkanten fadengerade sein. Diese Art
eignet sich besonders für Muster, die aufge-
stellt besser zur Geltung kommen, zum
Beispiel Kaktusblüte (Seite 83).

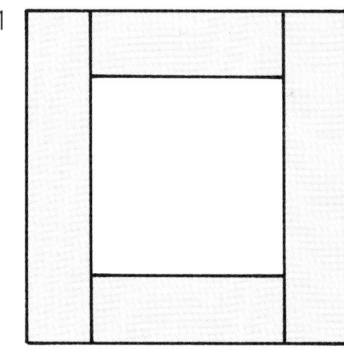

1

*Blockhüttensystem
(einfachste Art).*

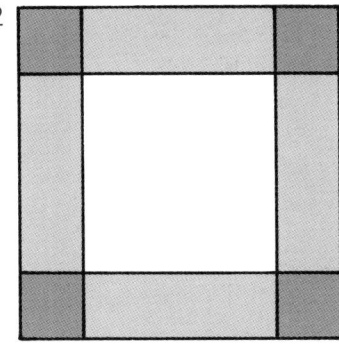

2

*Eingesetzte Ecken
(wirkt zweifarbig
gut).*

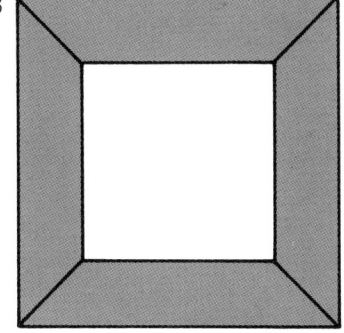

3

*Briefecke
(besonders mit
Streifen- und
Bordürenstoffen
sehr schön).*

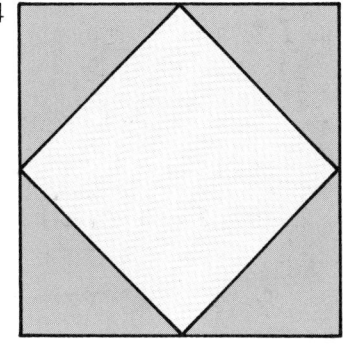

4

*Angesetzte Ecken
(Mittelstück wird
auf die Spitze
gestellt).*

Fertigstellungsarbeiten

Nun ist der Quilt bereit zum Fertigstellen. Unterstoff, Vlies, Patchworkoberseite.

Unterstoff auf 2 cm zurückgeschnitten. Vlies der Oberseite entlang abgeschnitten.

Gerade Ecke aus Unterstoff

Einfachste Art

1. Vlies exakt abschneiden, Unterstoff auf 2 cm zurückschneiden (Bild 2).
2. Unterstoff doppelt umschlagen, stecken, mit Fadenschlag heften und mit feinen Saumstichen auf die Oberseite annähen. Die andern drei Seiten nacheinander so fertigstellen.

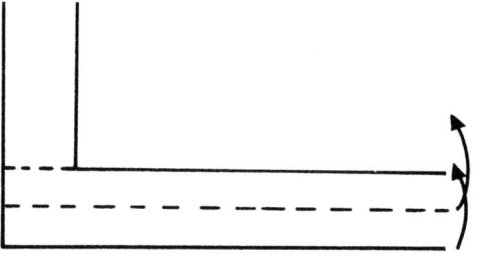

Zeichnung 1

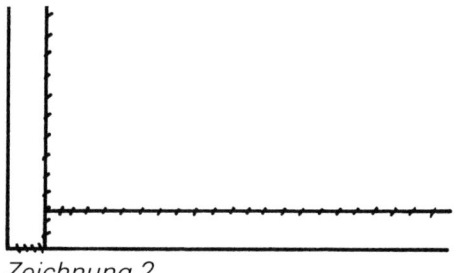

Zeichnung 2

Briefecke

Sehr schön, aber nicht ganz einfach.

1. Vlies exakt abschneiden, Unterstoff auf 2 cm zurückschneiden (Bild 2).
2. Ecke einschlagen und Spitze abschneiden, beide Seiten doppelt einschlagen, mit Stecknadeln befestigen (Zeichnung 1 und 2).
3. Die andern Ecken ebenso stecken, erst dann die Seiten einschlagen, stecken, heften und mit feinen Saumstichen auf die Oberseite annähen (Zeichnung 3).

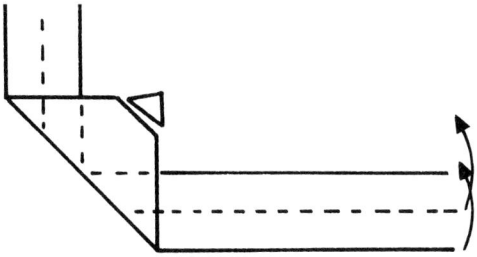

Zeichnung 1

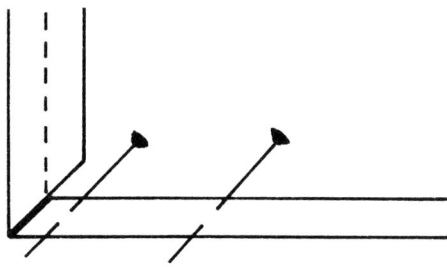

Zeichnung 2

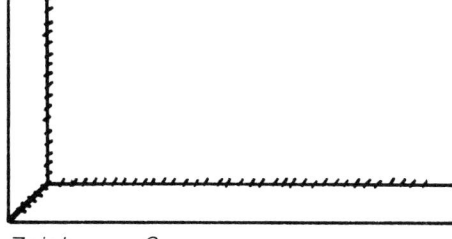

Zeichnung 3

Tip:
Versuchen Sie, die Briefecke zuerst mit einem Bogen Papier gemäss Zeichnung zu falzen!

Einfassen mit gerade geschnittenem Band oder Schrägband

1. Kanten, alle drei Lagen, sauber schneiden (Bild).
2. Stoffstreifen von 3 cm Breite zuschneiden (im Fadenlauf oder Schrägband).
3. Rechte Bandseite auf Patchworkoberseite legen, stecken, eventuell heften und ½ cm breit steppen (Bild).
4. Band auf die Unterseite doppelt umschlagen, stecken, heften und mit feinen Saumstichen annähen.
   Ecken wie: *Gerade Ecke aus Unterstoff* (Seite 20, Zeichnung 2).
5. Die anderen Seiten nacheinander auf die gleiche Weise einfassen.
   Mit Schrägband können die drei Seiten in einem Arbeitsgang eingefasst werden. Die Ecken aber vorher leicht abrunden.

Alle drei Lagen sauber geschnitten. Bereit zum Einfassen oder Verstürzen.
Die obere Kante wird eingefasst.
Das fertig angenähte Einfassband ist auf beiden Seiten gleich breit.

Verstürzen

Für Kissen, Stecknadelkissen usw.

1. Die Kanten der fertigen Patchworkoberseite, alle drei Lagen, sauber schneiden.
2. Aus passendem Stoff einen gleich grossen Unterteil zuschneiden.
3. Rechte auf rechte Seite legen und Kante ½ cm breit steppen, auf einer Seite eine Öffnung lassen (Zeichnung), wenden.
4. Kissen einlegen, Stecknadelkissen mit synthetischer Watte stopfen und Öffnung zunähen.

Kissenunterseite mit Reissverschluss

1. Kanten der fertigen Patchworkoberseite, alle drei Lagen, sauber schneiden.
2. Aus passendem Stoff Unterseite vorbereiten, indem Sie
3. zwei Stoffstücke zuschneiden, wie Zeichnung 1 zeigt.
4. Die Teile rechte auf rechte Seite legen und von beiden Seiten 2 cm breite Naht nähen. Öffnung lassen, je nach Reissverschlusslänge.
5. Naht auseinanderbügeln.
6. Reissverschluss einnähen.
7. Reissverschluss öffnen.
8. Kissenoberseite und Kissenunterseite rechte auf rechte Seite legen, mit Stecknadeln fixieren oder evtl. heften. Alle vier Seiten steppen, Kissenanzug wenden, Kissen einlegen.

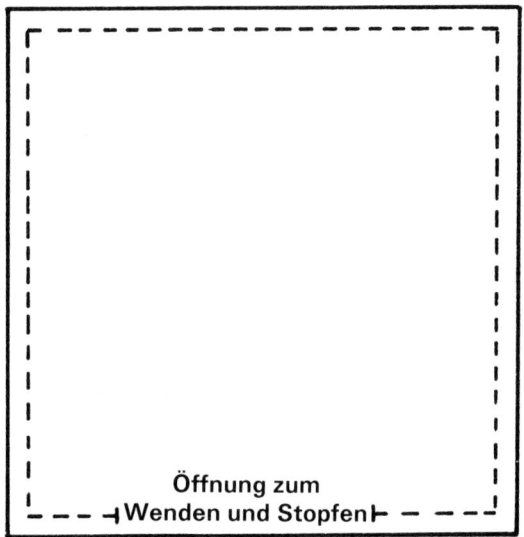

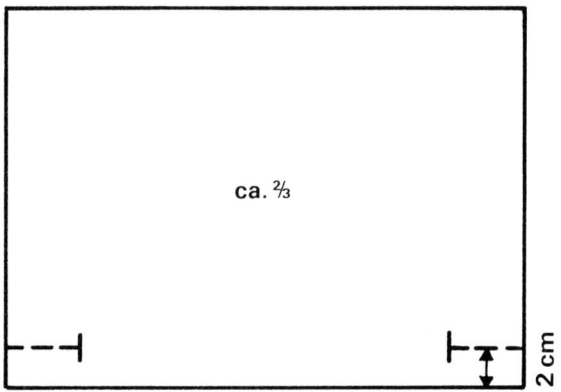

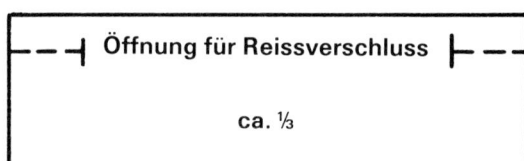

Diese beiden Stoffteile ergeben zusammengenäht die Grösse der Patchworkoberseite (Zeichnung 1).

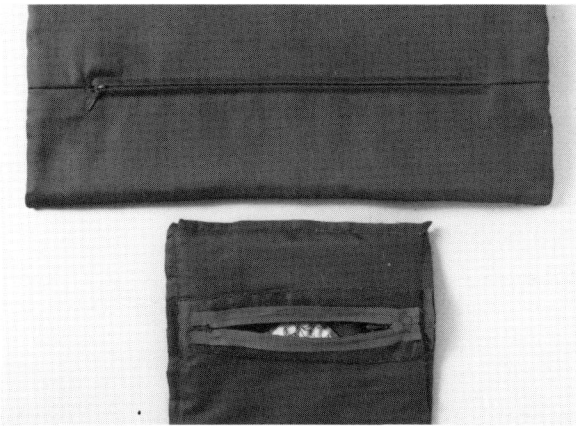

Fertig verstürzte Kissen mit eingearbeitetem Reissverschluss. Grosses Kissen Aussenseite, kleines Kissen Innenseite.

Applizieren

1. Das fertig zusammengenähte und gebügelte Patchworkmuster, rechte Seite oben, auf die ausgewählte Stelle legen, mit Fadenschlag heften, Rand mindestens 1½ cm lose lassen.
2. Mit feinen Saumstichen auf den Unterstoff nähen, indem Sie die Nahtzugabe von ½ cm vorweg umknicken. Applikationen können Sie auch leicht wattieren.
Dann heften Sie aber die Nahtzugabe auf die wattierte Musterrückseite; legen dann das Muster auf und quilten das Ganze durch den Unterstoff.

Tips:
- Kleine Patchs als Flickstücke aufnähen (z. B. auf Kinderhosen).
- Kleider verzieren (z. B. Trainer Seiten 56/57).

Amish-Quilt

Bei diesem Patchwork beginnen Sie mit dem Zuschneiden des Mittelstückes. Die Masse entnehmen Sie der Schemazeichnung. Alle weiteren Teile (Umrandungen) werden immer erst zugeschnitten, wenn die vorhergehenden angenäht und gebügelt sind. So können Sie die genauen Masse an Ihrem Stück nehmen. Abweichungen von der Vorlage spielen keine Rolle.

1. Mittelstück zuschneiden.
2. Umrandung 3
3. Umrandung 4 (Ecken ansetzen)
4. Umrandung 1
5. Umrandung 2
6. Wattieren.
7. Quilten, ganz einfach den Nahtlinien entlang, oder, wenn Sie Übung haben, lassen Sie Ihrer Phantasie freien Lauf.
8. Rand fertigstellen.

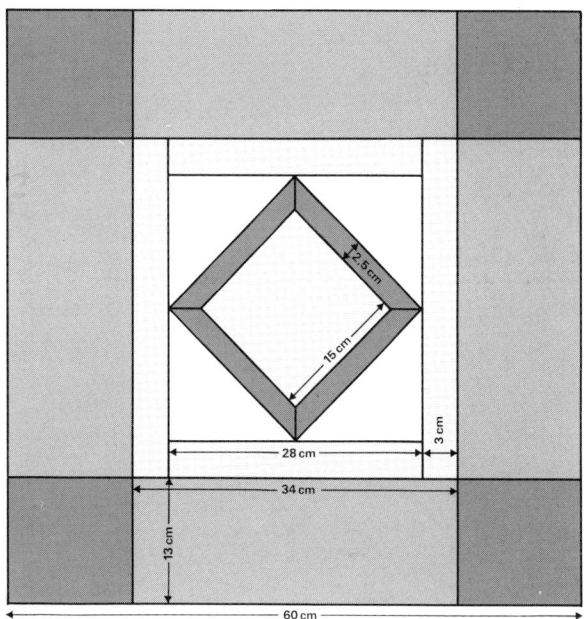

Spanschachteln

Wie sich ein simpler Nine Patch von der besten Seite zeigt!

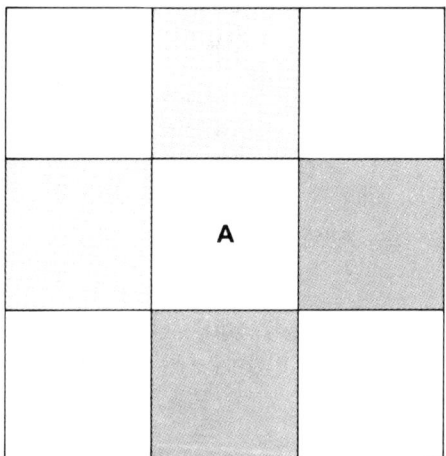

Nine Patch (Neun Flick)

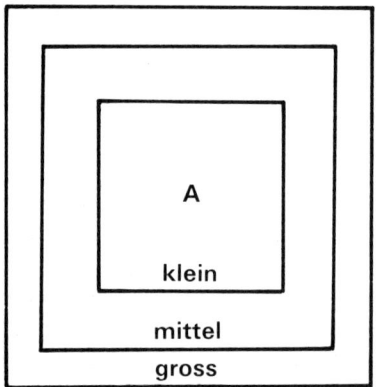

Kleinste Schachtel Nine-Patch

Patchworkmuster 7,5 × 7,5 cm

1 Schablone, klein

Zuschneiden: 9 × A, verschiedene Farben

1. Patchworkmuster zusammennähen und bügeln.
2. Wattieren und quilten.
3. Schachteldeckel auf den Patch legen, mit Bleistift oder Schneiderkreide den Rand nachzeichnen und ausschneiden.
4. Rundum mit Schrägband einfassen.
5. Eventuell mit Pailletten oder Glasperlen verzieren.
6. Mit Alleskleber auf den Schachteldeckel kleben.

Die grösseren Schachteln werden genau gleich gefertigt, jedoch müssen die zusammengenähten Nine Patchs vor dem 2. Arbeitsgang mit einer Umrandung auf die notwendige Grösse ergänzt werden (Zeichnungen auf Seite 75).

Spanschachteln

Tisch-Sets und Korbdeckel

Morgenstund hat Gold im Mund

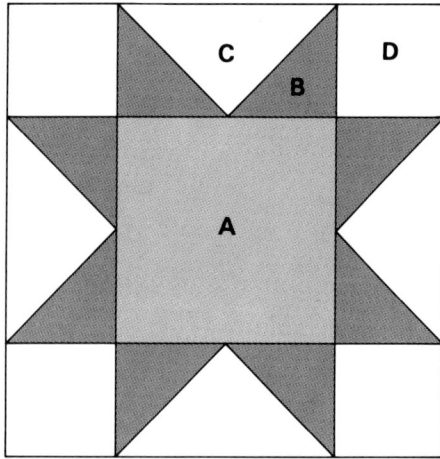

Rising Star (Aufgehender Stern)

Brotkorbdeckel mit Stern

Rising Star

Patchworkmuster 15 x 15 cm

4 verschiedene Schablonen

Zuschneiden: 1 x A
                    8 x B
                    4 x C
                    4 x D

1. Patchworkmuster zusammennähen.
2. Umrandung annähen
   (Eckquadrate = Schablone D), bügeln.
3. Wattieren und quilten.
4. Rand fertigstellen.

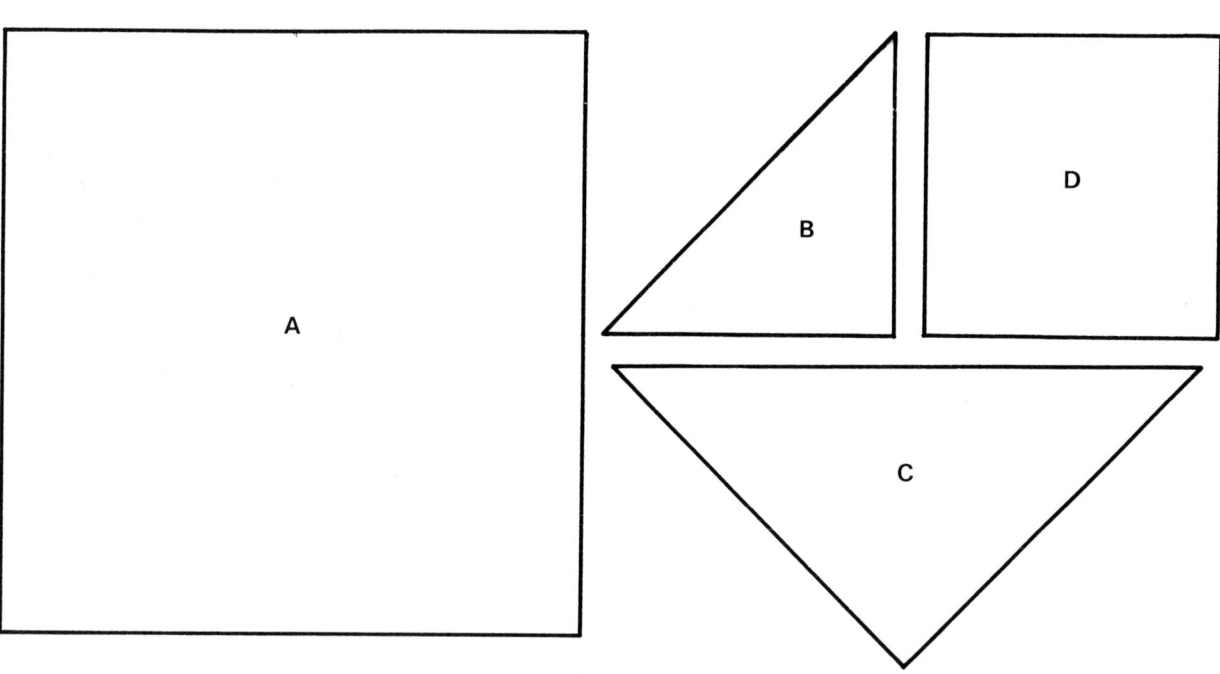

Tisch-Set

Nine-Patch

Patchworkmuster 45 × 35 cm

Die Schablone finden Sie auf Seite 24.

1 Schablone, gross

Zuschneiden: 63 × A (Farbanordnung nach eigener Phantasie oder wie Bild)

1. Patchworkmuster zusammennähen und bügeln.
2. Wattieren und quilten (das Set wurde direkt auf Frottee gequiltet, ohne Vlies).
3. Mit Schrägband einfassen.

Toastkorbdeckel

Nine-Patch

Patchworkmuster 15 × 15 cm

Die Schablone finden Sie auf Seite 24.

1 Schablone, gross

Zuschneiden: 9 × A verschiedene Farben

1. Patchworkmuster zusammennähen.
2. Umrandung annähen und bügeln.
3. Wattieren und quilten.
4. Rand fertigstellen.

Tisch-Set mit Nine-Patch und Uni-Quadraten

Nine Patch

Patchworkmuster 15 × 15 cm

Die Schablone finden Sie auf Seite 24.

1 Schablone, gross

Zuschneiden: Total 27 Teile
3 Muster
also 3 ×   9 × A (Farben nach Wahl)

1. Drei einzelne Patchworkmuster zusammennähen.
2. Drei Quadrate 15 × 15 cm zuschneiden (plus Nahtzugabe).
3. Alle drei Patchworkmuster und die drei Quadrate zu einem Rechteck zusammennähen.
4. Umrandung annähen und bügeln.
5. Wattieren und quilten (das Set wurde direkt auf Frottee gequiltet, ohne Vlies).
6. Rand fertigstellen.

Tischsets und Korbdeckel

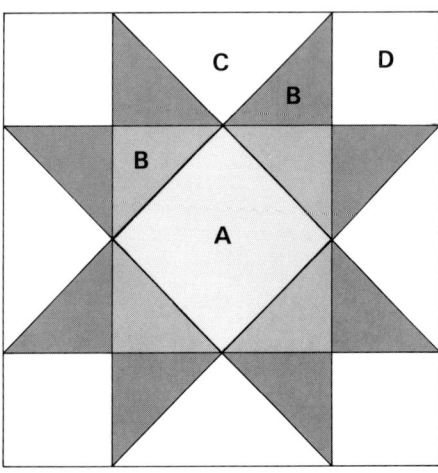

Stars and Squares (Sterne und Quadrate)

Tisch-Set mit Sternen

Stars and Squares

Patchworkmuster 15 × 15 cm

4 verschiedene Schablonen

Zuschneiden:
3 Muster
also: 3 ×   1 × A
             4 × B Innenteile
             8 × B Aussenteile
             4 × C
             4 × D

1. Drei einzelne Sternmuster zusammen-nähen.
2. Drei Quadrate zuschneiden 15 × 15 cm (plus Nahtzugabe).
3. Alle drei Sternmuster und die drei Quadrate zu einem Rechteck zusammen-nähen.
4. Umrandung annähen (Eckquadrate = Schablone D), bügeln.
5. Wattieren und quilten (das Set wurde direkt auf Frottee gequiltet, ohne Vlies).
6. Rand fertigstellen.

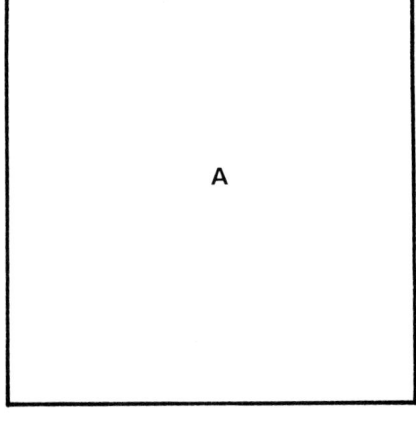

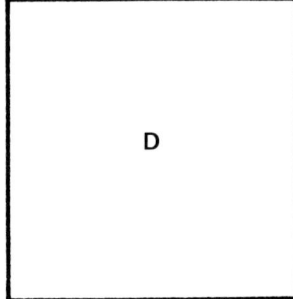

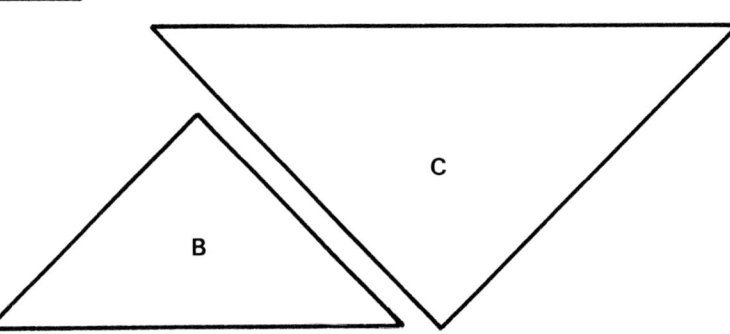

Bälle

Das ideale Geschenk für Kleinkinder

Durchmesser: 12 und 15 cm

2 Schablonen

Zuschneiden: 12 × A
12 × B

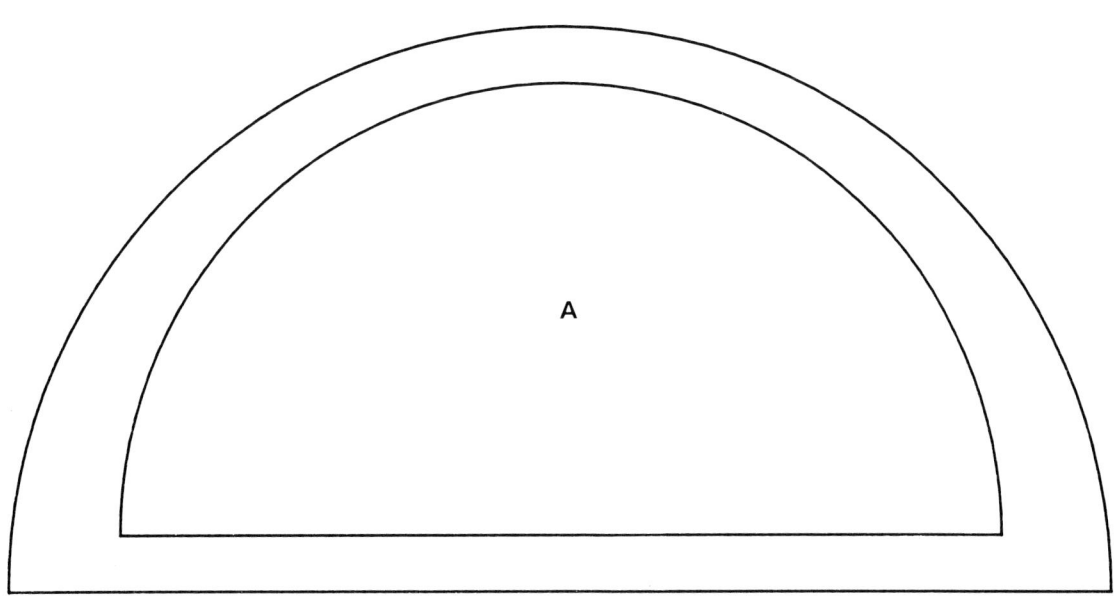

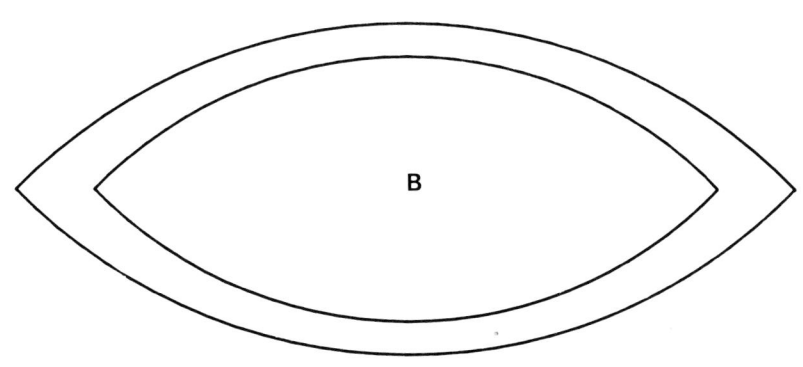

1. Die Halbkreise zur Hälfte, rechte auf rechte Seite falten und ca. ⅔ von oben zunähen. Teil B einnähen (siehe Zeichnung) und wenden.
2. Sehr gut mit Acrylwatte stopfen. Das restliche Stück Naht zunähen.
3. 2 × je 4 Schnitze, nicht zu fest, zusammennähen (Zeichnung). Aufeinanderlegen und die restlichen vier Schnitze quer dazwischen nähen, so dass ein Ball entsteht.

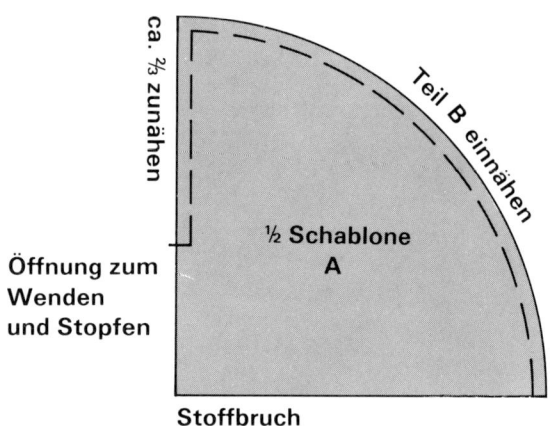

ca. ⅔ zunähen

Teil B einnähen

Öffnung zum Wenden und Stopfen

½ Schablone A

Stoffbruch

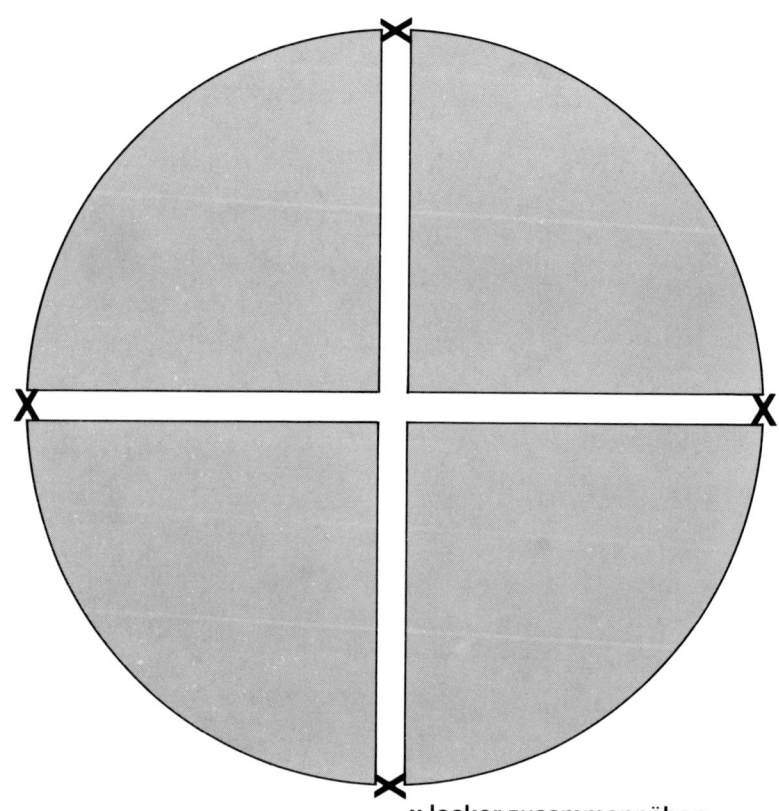

x locker zusammennähen

Der Ball ist nur aussen an den 6 «Blumenpunkten» zusammengenäht. Hübsch tönt es, wenn Sie in die Ballmitte ein Glöcklein einnähen.

Bälle

Lätzchen, Täschchen und Kissen

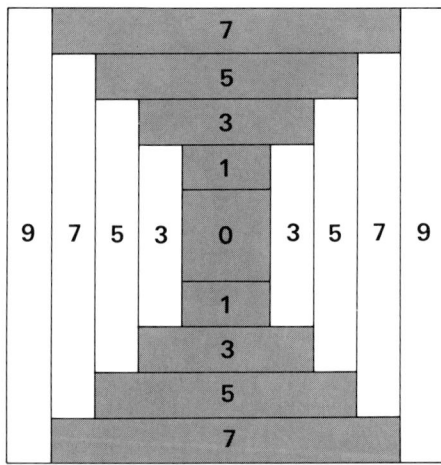

Courthouse Steps (Hoftreppe)

Lätzchen

Courthouse Steps

Patchworkmuster 20 × 20 cm

Die Schablonen finden Sie auf Seite 63.

6 verschiedene Schablonen (Log Cabin, gross)

Zuschneiden: 1 × 0 dunkel
2 × 1 dunkel
2 × 3, 5 und 7 hell
2 × 3, 5 und 7 dunkel
2 × 9 hell
zusätzlich 4 × 9 dunkel

1. Patchworkmuster von der Mitte aus nach den Schablonen-Nummern zusammennähen. Die zusätzlichen Teile Nr. 9, je zwei oben und unten ansetzen.
2. Bügeln.
3. Direkt auf Frottee quilten.
4. Nach Schnittplan ausschneiden.
5. Mit Schrägband einfassen und Bindebänder annähen.

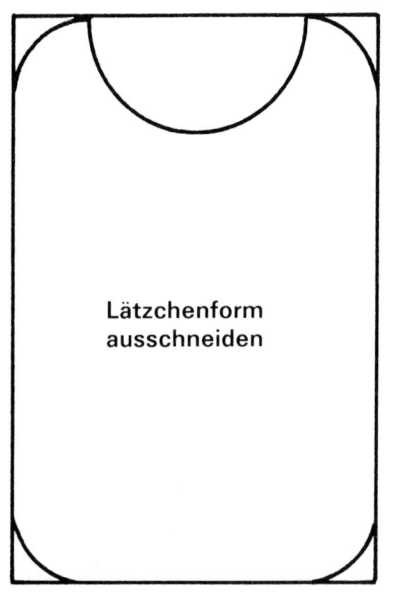

Lätzchenform
ausschneiden

Lätzchen, Kindergartentäschchen, Bettflaschenhülle, rundes Kissen

Bettflaschenhülle

Garnitur in Rot und Weiss

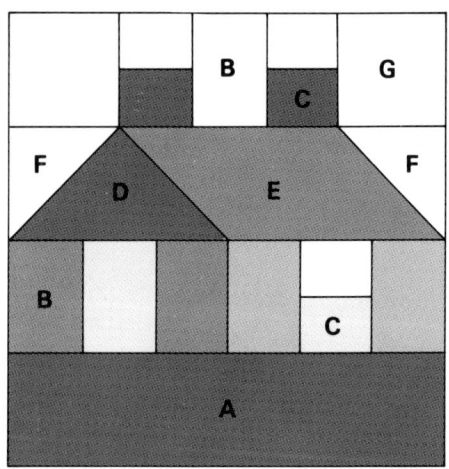

School House (Schulhaus)

Bettflaschenhülle

School House

Patchworkmuster 20 × 20 cm

7 verschiedene Schablonen

Zuschneiden: 1 × A
6 × B
6 × C
1 × D
1 × E (Schablone wenden zum Markieren)
2 × F
2 × G

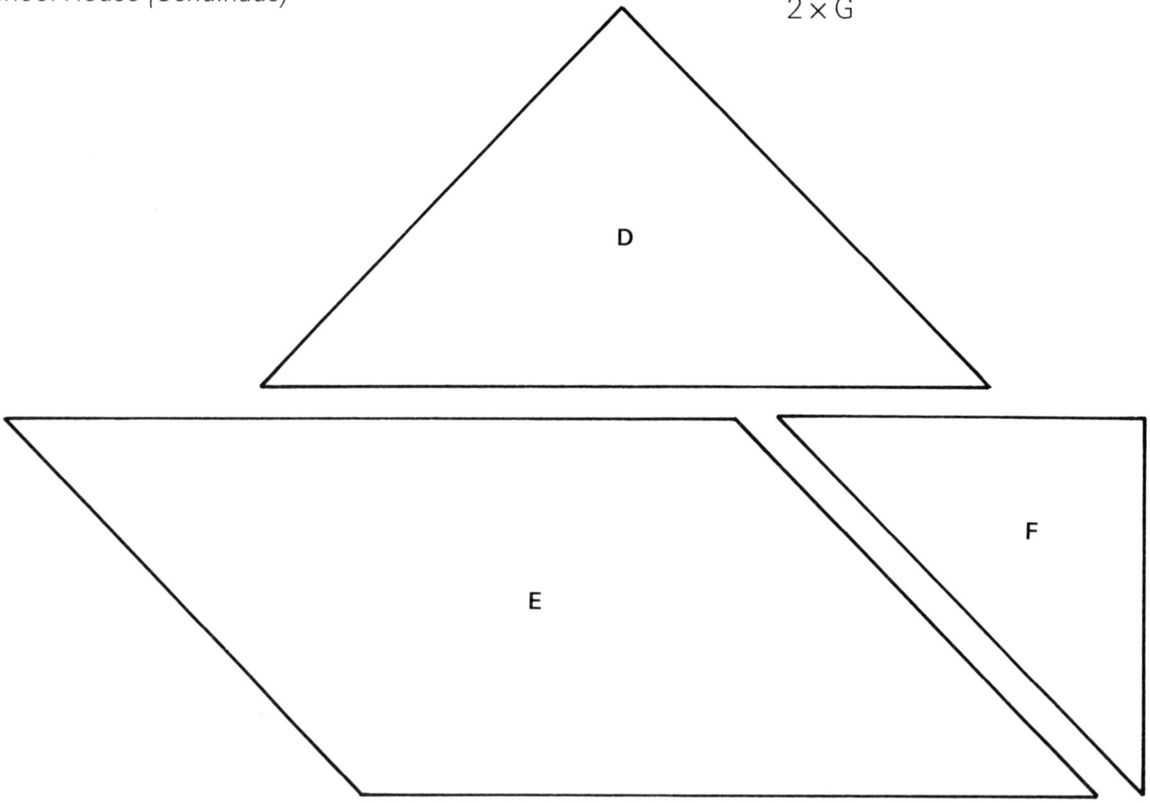

D

E

F

1. Patchworkmuster zusammennähen.
2. Seitlich Streifen ansetzen (Bettflaschen-grösse).
3. Bügeln.
4. Direkt auf Frottee quilten (ohne Vlies).
5. Rückseite zuschneiden und auch auf Frottee quilten (ohne Vlies). Die Rückseite kann auch nur aus Frottee gearbeitet werden, ohne zu quilten.
6. Die beiden Teile, rechte Seite aussen, aufeinanderlegen, 3 Seiten zusammen-nähen und mit Schrägband einfassen.
7. Öffnung mit Schrägband einfassen. Bänder zum Zubinden annähen.

Dieses Muster eignet sich auch besonders gut für Kindergarten- oder Lunchtäschchen.

A

B

C

G

Kindergartentäschchen

Log Cabin

Patchworkmuster 20 × 20 cm

Die Schablonen (grosse) finden Sie
auf Seite 63.

Zuschneiden: wie Topflappen Seite 62.

1. Patchworkmuster wie Topflappen zusammennähen und bügeln.
2. Wattieren und quilten.
3. Rückseite zuschneiden und ebenfalls wattieren und quilten.
4. Beide Teile aufeinanderlegen, auf der rechten Seite zusammennähen und die drei Seiten mit Schrägband einfassen.
5. Tascheneingriff mit Schrägband einfassen.
6. Kordel annähen.

Tip:
Das Täschchen kann auch direkt auf Frottee (ohne Vlies) gequiltet werden. Es lässt sich in diesem Falle 60 °C waschen.

Rundes Kissen

Grandmother's Flower Garden

1 Schablone

Zuschneiden: 19 × A Farbtöne nach Wahl

1. Patchworkmuster von der Mitte aus kreisförmig zusammennähen. Dieses Muster kann unendlich vergrössert werden.
2. Bügeln.
3. Mit Wattierung auf Grundstoff heften und applizieren. Rund ausschneiden.
4. Die Kissenoberseite mit dem applizierten Blumengarten nochmals mit Unterstoff wattieren. Erst jetzt die Kissenoberseite quilten.
5. Kissenrückseite zuschneiden.
6. Beide Teile verstürzen. 20–25 cm Öffnung lassen.
7. Wenden, Kissen einlegen und zunähen.

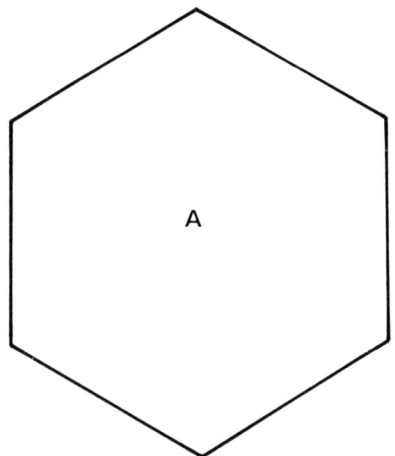

Hexagon: Grandmother's Flower Garden (Grossmutters Blumengarten).

Sauna-Set

Für Sauna-Liebhaber und Wasserratten

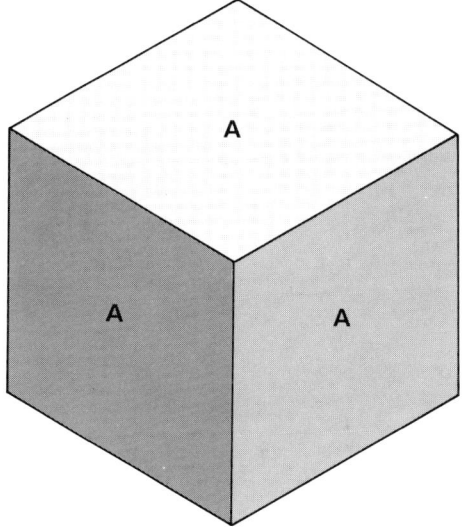

Baby-Block (Kinderwürfel)

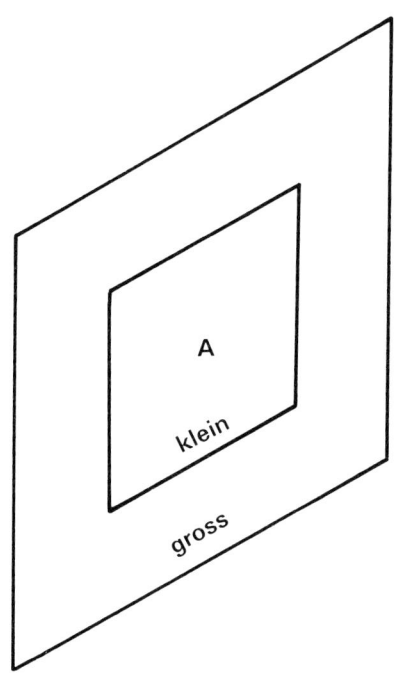

Applizierter Baby-Block

1 Schablone:	gross oder klein
Zuschneiden: pro Würfel	1 × A hell 1 × A mittel 1 × A dunkel
Bademantelrücken (auf Foto nicht sichtbar)	3 grosse Würfel zusammengenäht
Badeteppich	2 × 3 grosse Würfel zusammengenäht
Badetuch	6 grosse Würfel zusammengenäht
Bademanteltaschen	je 1 kleiner Würfel
Waschlappen	je 1 kleiner Würfel

Achtung: Auch Frotteestoffe sollten zuerst gewaschen werden, um ein Verfärben der Muster zu verhindern. Falls Sie eine Wattierung einlegen, kann nur noch mit 30–40 °C gewaschen werden.

1. Patchworkwürfel zusammennähen und bügeln.
2. Muster auf gewünschte Stelle heften und applizieren (Seite 23).
3. Quilten.

Für das ganze Bade-Set haben wir im Ausverkauf nur ca. Fr. 50.– bezahlt. Der Bademantel wurde aus drei Badetüchern in einfachem Kimonoschnitt zusammengenäht. Mit diesen Würfeln können Sie auch einen gekauften oder Ihren alten Bademantel verschönern.

Sauna-Set

Kinder-Bademantel mit Beutel

Ein hübsches Patengeschenk

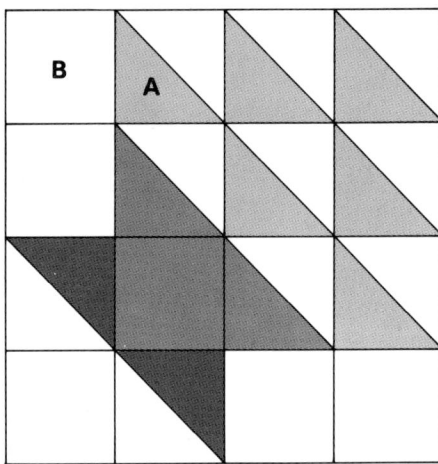

Flower Basket (Blumenkorb)

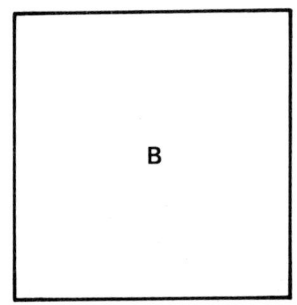 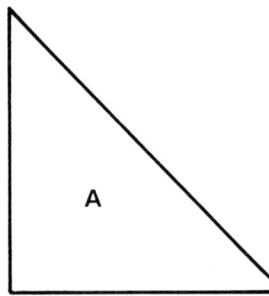

Beutel

Flower Basket

Patchworkmuster 15 × 15 cm

2 verschiedene Schablonen

Zuschneiden: 6 × A geblumt
10 × A Grundstoff
2 × A grau
2 × A bordeaux
5 × B Grundstoff
1 × B grau

1. Patchworkmuster zusammennähen.
2. Umrandung 4 ansetzen und bügeln.
3. Fertiges Muster, ohne Wattierung, auf einen Frotteewaschlappen quilten.
4. Den Frotteestoff auf Mustergrösse zurückschneiden.
5. Beutelrückseite (auch Waschlappen) gleich gross wie Vorderseite zuschneiden.
6. An den oberen Kanten Saum für Kordel annähen.
7. Beide Teile, rechte Seite aussen, aufeinanderlegen. Die drei Seiten steppen (Kordeltunnel darf nicht zugenäht werden, da sonst die Kordel nicht mehr eingezogen werden kann).
8. Die 3 Seiten einfassen.
9. Kordel einziehen.

Kinderbademantel mit Beutel

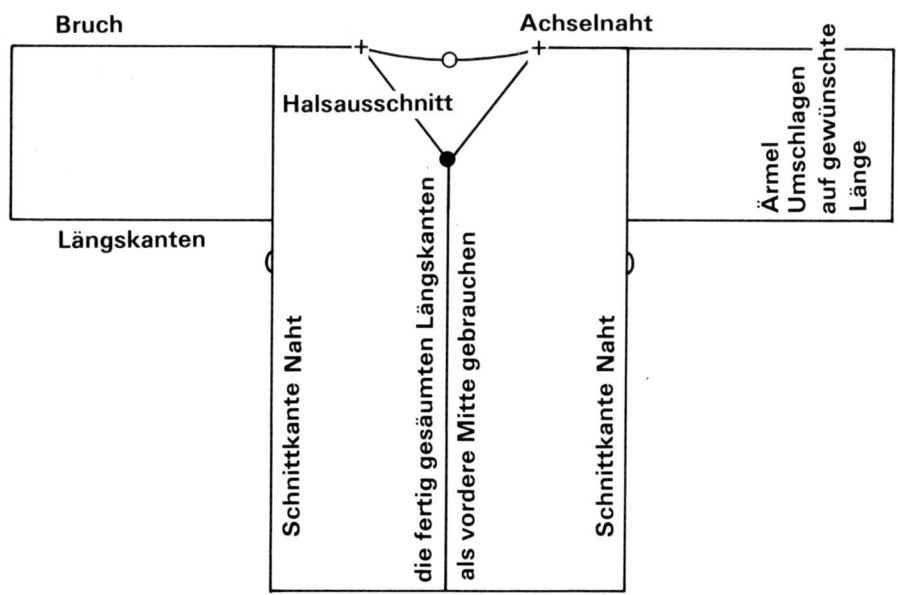

Bruch Achselnaht

Halsausschnitt

Längskanten

Ärmel Umschlagen auf gewünschte Länge

Schnittkante Naht

die fertig gesäumten Längskanten als vordere Mitte gebrauchen

Schnittkante Naht

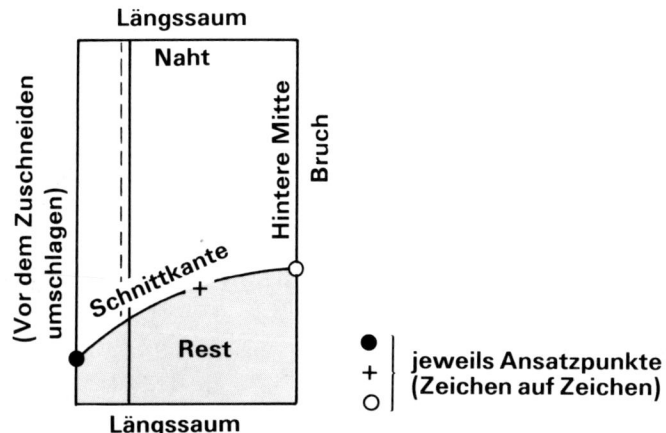

Längssaum

Naht

(Vor dem Zuschneiden umschlagen)

Hintere Mitte

Bruch

Schnittkante

Rest

Längssaum

● | jeweils Ansatzpunkte
+ | (Zeichen auf Zeichen)
○ |

Zu Schnittplan:
Rückenteil 1 Tuch
Vorderteil 1 Tuch in der Längsmitte
            aufgeschnitten
Ärmel   1 Tuch in der Quermitte
            aufgeschnitten
Kapuze   1 Tuch

Kinderbademantel aus Frotteetüchern

Zutaten: – 4 Frotteetücher
(gezeigtes Modell 40 × 60 cm)
– 1 Waschlappen
für Taschenrückseite
– 1 Kordel als Gürtel (ca. 120 cm)
– Schrägband
für Halsausschnitt (ca. 60 cm)
– 1 Knopf

1. Tücher nach Schnittplan zuschneiden.
2. Achselnähte schliessen.
3. Ärmel offen an Vorder- und Rückenteil annähen.
4. Ärmel und Seitennaht schliessen.
5. Kapuze in Halsausschnitt nähen (Ansatzpunkte beachten) und Naht einfassen.
6. Knopfverschluss und Gurtschlaufen annähen.

Tip:
Trennen Sie diejenigen Tuchsäume, die in die Nähte zu liegen kommen, auf oder schneiden Sie sie einfach ab.
Flachnähte sehen schöner aus, sind aber aufwendiger als gewöhnliche, die mit Zickzackstich versäubert werden.

> Der Bademantel lässt sich in beliebiger Grösse nähen, indem Sie kleinere oder grössere Tücher verarbeiten. Die Proportionen stimmen!

Aufgenähte Tasche

Zuschneiden: wie Beutel, jedoch 2 × A und 1 × B in Grundstoff weglassen (siehe Bild).

1. Patchworkmuster zusammennähen und bügeln.
2. Das Muster wird direkt auf Frottee (Waschlappen) gequiltet.
3. Jetzt Frotteestoff dem Muster entlang sauber zurückschneiden.
4. Ringsum mit Schrägband einfassen.
5. Auf Bademantel nähen. Seitlich Tascheneingriff offen lassen.

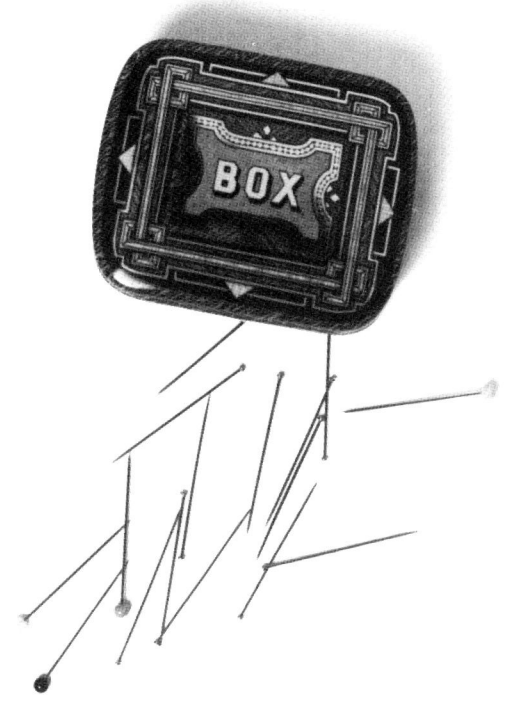

Kleid mit Täschchen

Für die kleine Prinzessin (Grösse 122)

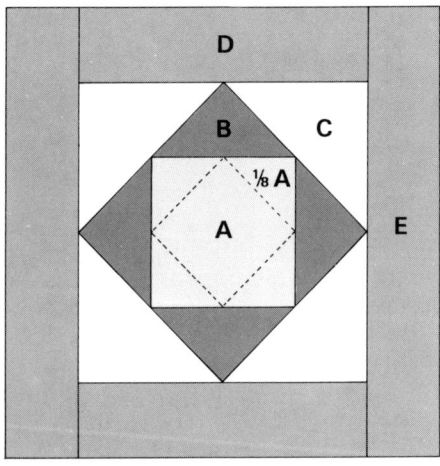

Hour Glass (Sanduhr)

Kleid

Hour Glass

Stoffverbrauch 1,20 m, 1,40 m breit, passende Reste für den Patchworkeinsatz.

Das Kleid hat einen einfachen Schnitt, braucht aber trotzdem einige Näherfahrung.

Patchworkmuster: 18 × 18 cm

5 verschiedene Schablonen

Zuschneiden: 1 × A
4 × B
4 × C
2 × D
2 × E aber auf 26 cm verlängern

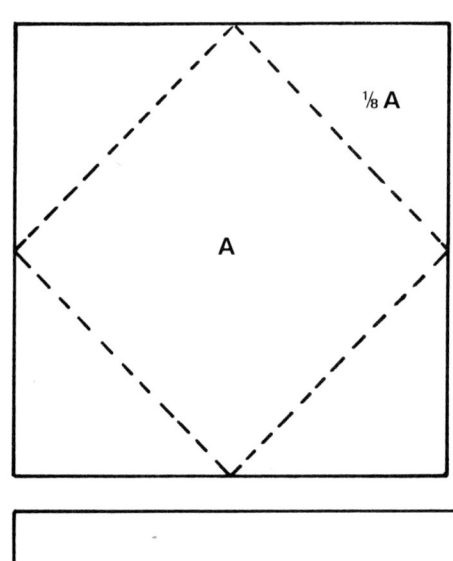

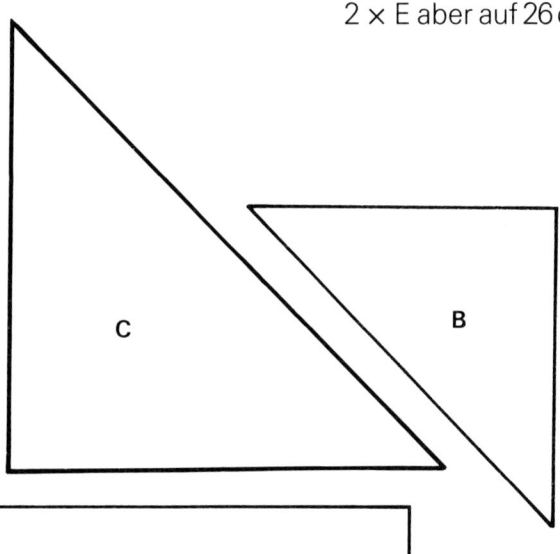

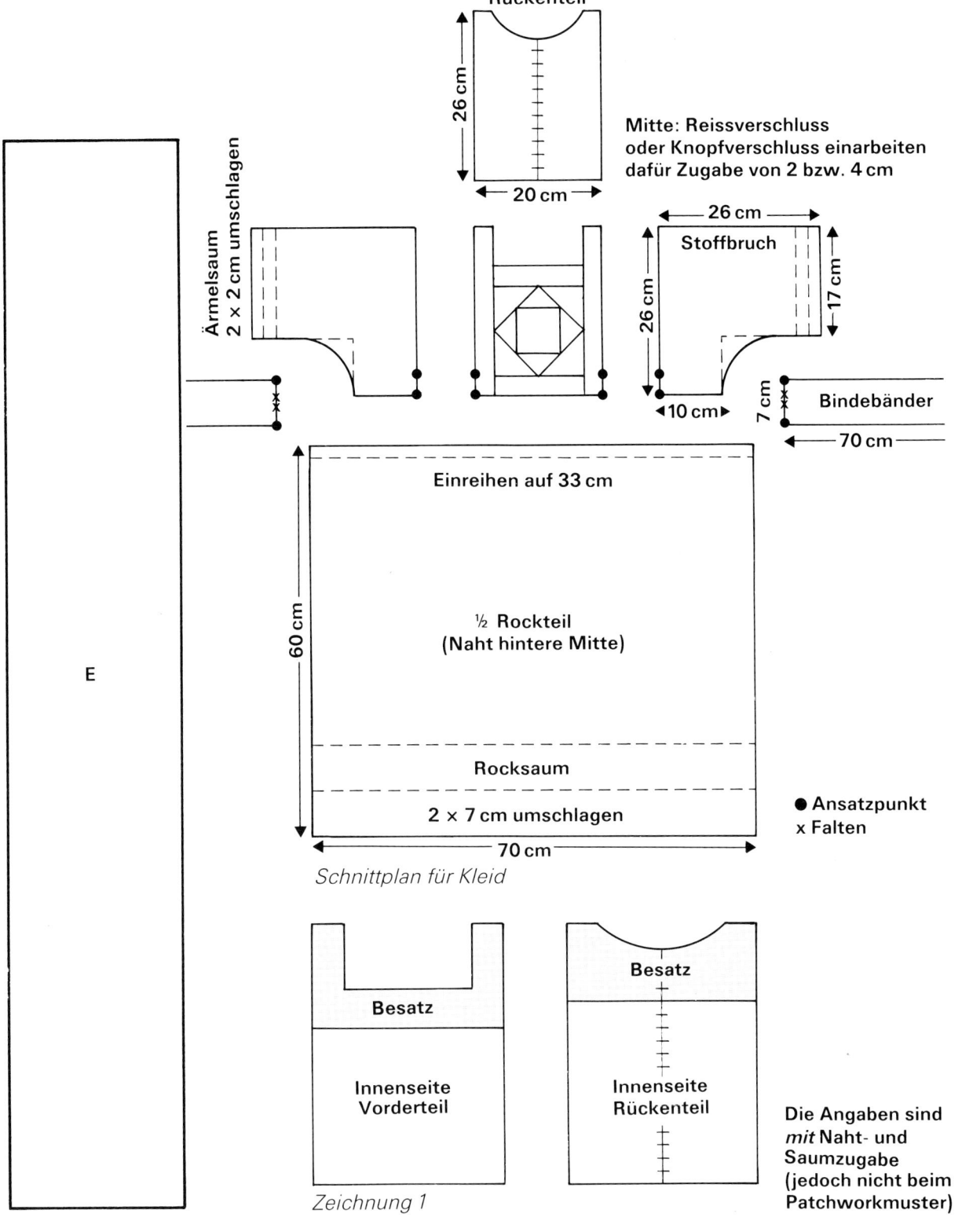

Rückenteil

26 cm

20 cm

Mitte: Reissverschluss
oder Knopfverschluss einarbeiten
dafür Zugabe von 2 bzw. 4 cm

Ärmelsaum
2 x 2 cm umschlagen

Stoffbruch

26 cm

26 cm

17 cm

10 cm

7 cm

Bindebänder

70 cm

E

Einreihen auf 33 cm

60 cm

½ Rockteil
(Naht hintere Mitte)

Rocksaum

2 x 7 cm umschlagen

70 cm

● Ansatzpunkt
x Falten

Schnittplan für Kleid

Besatz

Innenseite
Vorderteil

Besatz

Innenseite
Rückenteil

Die Angaben sind
mit Naht- und
Saumzugabe
(jedoch nicht beim
Patchworkmuster)

Zeichnung 1

47

Kleid mit Täschchen (Grösse 122)

1. Kleid nach Schnittplan zuschneiden (so haben Sie gleich Reste für das Patchworkmuster).
2. Patchworkmuster zusammennähen und bügeln.
3. Wattieren und quilten (auch die Verlängerung der Schablonen E).
4. Halsausschnittbesatz zuschneiden gemäss Zeichnung 1 (legen Sie den fertigen Patchworkmustereinsatz auf einen Stoffrest und schneiden den Kanten entlang).
5. Halsausschnitt verstürzen, auf die linke Seite bügeln und locker annähen.
6. In Rückenteilmitte Reissverschluss oder Knopfverschluss einarbeiten.
7. Rückenteilbesatz zuschneiden und den Halsausschnitt verstürzen, auf die linke Seite bügeln und sauber annähen.
8. Jetzt die Achselnähte schliessen und sauber machen. Der Einsatz (Vorder- und Rückenteil) ist nun fertig.
9. Die Ärmel offen an den Einsatz nähen (Schemazeichnung) und Ärmelnähte schliessen.
10. Rockteil zusammennähen und Naht bügeln.
11. Obere Kante einreihen auf die Weite des Oberteils (ca. 33 cm).
12. Oberteil und Rockteil zusammennähen.
13. Ärmel- und Rocksaum doppelt umschlagen, Kante füsschenbreit absteppen, zurückschlagen und bügeln (auf diese Art erhalten Sie einen sauberen und dekorativen Saum).
14. Bindebänder säumen und von Hand gemäss Schnittplan annähen.

Täschchen

Hour Glass

Patchworkmuster: 18 × 18 cm

6 verschiedene Schablonen

Zuschneiden: 1 × A klein
4 × ⅛ A
4 × B
4 × C
2 × D
2 × E

1. Patchworkmuster zusammennähen und bügeln.
2. Wattieren und quilten.
3. Taschenrückseite zuschneiden (gleich gross wie fertige Vorderseite), ebenfalls wattieren und quilten (siehe Tip «Quilten»).
4. Beide Teile zum Einfassen sauber schneiden.
5. Obere Kanten einfassen (Tascheneingriff).
6. Die beiden Teile, rechte Seite aussen, aufeinanderlegen, die drei Seiten steppen.
7. Alle drei Seiten mit Schrägband einfassen.
8. Kordel als Träger annähen.

Tip:
Als Träger eignen sich Vorhangkordeln gut.

Spielteppich und Backgammon

werden von Spielfans mit Begeisterung aufgenommen

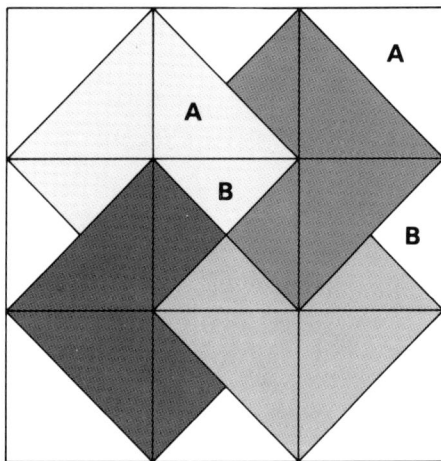

Card Trick (Kartentrick)

Spielteppich mit Kartentrick

Patchworkmuster 24 × 24 cm
fertige Grösse 77 × 77 cm

2 verschiedene Schablonen
5 Umrandungen

Achtung: Mit Streifen und Bordürenstoff
brauchen Sie Konzentration und Geduld.
Achten Sie auf die Kanten, z. T. Schablonen
wenden.

Zuschneiden:
für jede «Karte» 2 × A ⎱
also 4 ×   2 × B ⎰ gleiche Farbe
               4 × A ⎱ gleiche Farbe
               4 × B ⎰ (Grundfarbe)

Es ist kein Unglück, wenn Sie einzelne Teile
neu zuschneiden müssen. Das ist sogar uns
passiert.

1. Patchworkmuster zusammennähen und
   bügeln.
2. Umrandung 2½ cm breit oder nach Ihrem
   Stoffmuster.
3. Umrandung 4 (Ecken ansetzen).
4. Drei weitere Umrandungen mit Bordüren
   und Unistoffen, bis Sie die gewünschte
   Grösse erhalten oder bis der Spielteppich augenfällig wirkt.
5. Bügeln, wattieren.
6. Quilten (das Muster den Nahtlinien
   entlang und die leeren Flächen nach
   eigenen Entwürfen).
7. Rand fertigstellen mit Unterstoff.

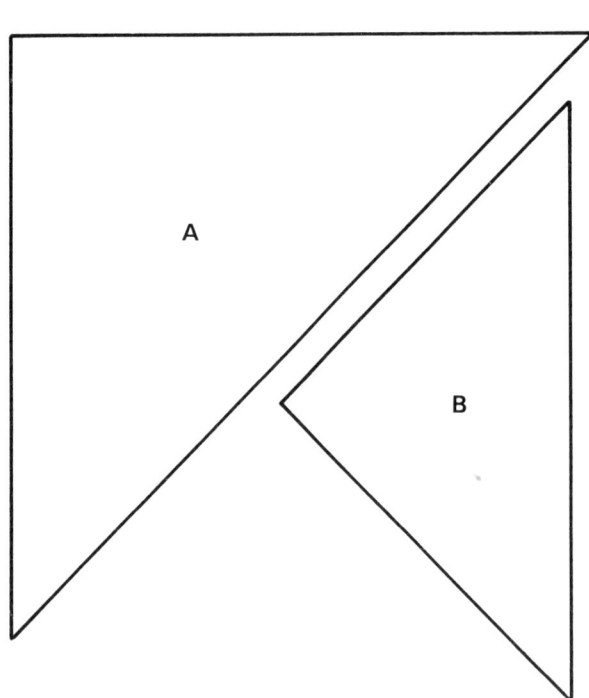

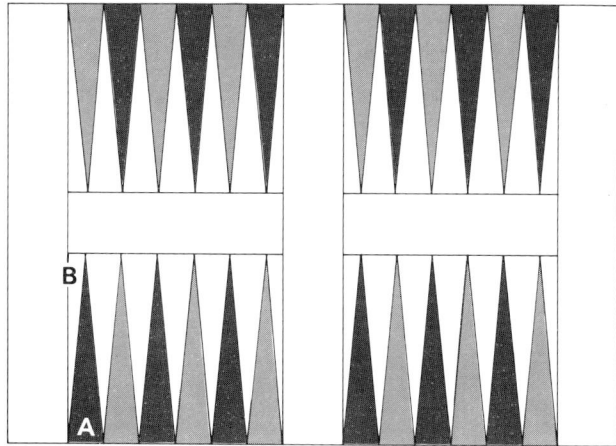

Backgammon

Grösse der einzelnen Muster 18 × 15 cm

2 verschiedene Schablonen : (44 A + 8 B)

Zuschneiden :
4 Mustereinheiten, 3 × A blau
also 4 ×   3 × A rot
                      5 × A Grundfarbe
                      2 × B Grundfarbe

1. Vier einzelne Muster zusammennähen.
2. 2 Streifen 5 × 18 cm in der Grundfarbe zwischen je 2 Muster nähen (siehe Bild).
3. 3 Streifen 5 × 35 cm links und rechts sowie in die Mitte annähen.
4. Weitere Umrandungen annähen und bügeln.
5. Wattieren und quilten.
6. Rand fertigstellen.

Würfel- und Spielsteine-Täschchen

1. 2 einzelne Muster zusammennähen und bügeln.
2. Wattieren und quilten.
3. Zwei Stoffstreifen für Kordeltunnel vorbereiten, Schmalseiten säumen, an die Taschenöffnung nähen (fertige Tunnelbreite ca. 2 cm).
4. Vorder- und Rückseite rechte auf rechte Seite legen, die drei Seiten steppen (der Tunnel wird nicht mitgesteppt, da sonst die Kordel nicht eingezogen werden kann), Täschchen wenden.
5. Kordel einziehen.

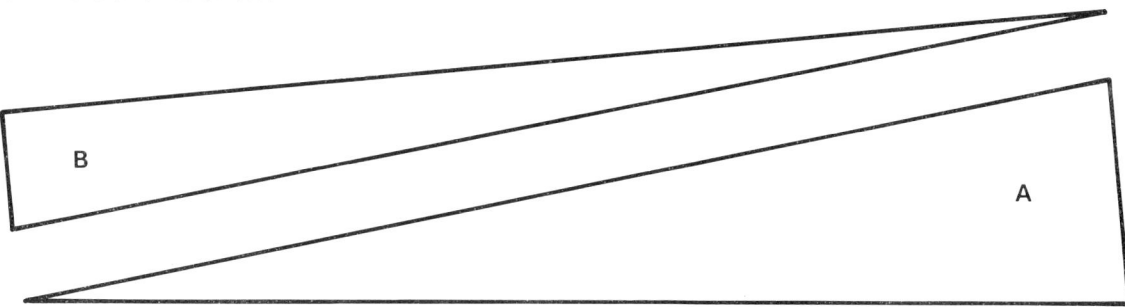

Backgammon mit Steintäschchen, Spielteppich mit Kartentrick

Trainer, Taschen und Etui

Für Teens und Twens

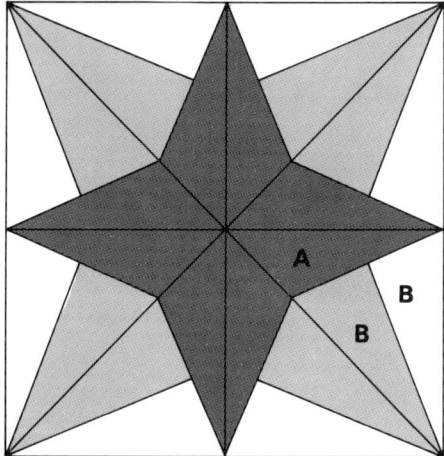

Blazing Star (Leuchtender Stern)

Tasche

Blazing Star

Patchworkmuster 30 × 30 cm

2 verschiedene Schablonen

Achtung: Bei diesem Muster ist es wichtig, dass Sie die Schablonenkanten beschriften wie auf der Vorlage. Beim Zuschneiden und Aufstecken brauchen Sie Konzentration, denn dieser Stern ist verwirrend.

Zuschneiden: 8 × A Streifen
8 × B schwarz
8 × B rot (Grundfarbe)

Beachten Sie, dass Sie je 4 rechte und linke Teile zuschneiden, indem Sie die Schablonen zum Markieren wenden.

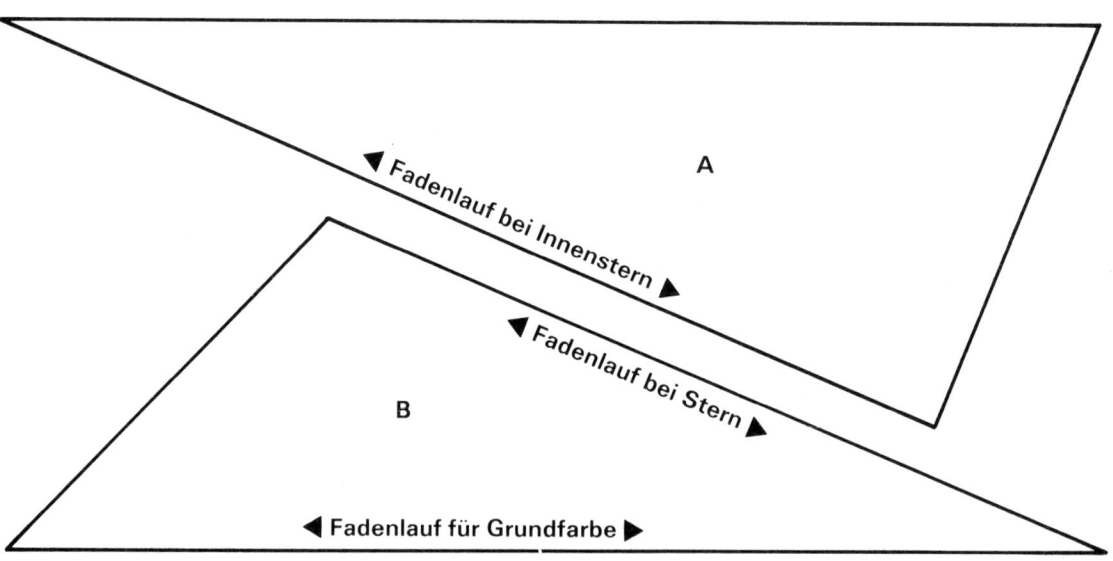

1. Stern zusammennähen und bügeln.
2. Wattieren und quilten.
3. Taschenrückseite zuschneiden (gleich gross wie fertige Patchworkvorderseite), ebenfalls wattieren und quilten.
4. Die beiden Teile auf drei Seiten verstürzen.
5. Am oberen Rand einen Streifen (zusammengelegt 3 cm breit) annähen. Die Nähte mit Zickzackstich abnähen.
6. Träger auf die Seitennähte annähen, fertiges Trägermass 3 cm breit, 80 cm lang.

Etui

Dog Tooth

Dieses Etui ist genau gleich gearbeitet wie das Abendtäschchen auf Seite 60.
Anders ist nur der Verschluss. Statt Knopfverschluss ist ein Stück Velcroband anzunähen (im Merceriegeschäft erhältlich).
Staunen Sie auch über die unterschiedliche Wirkung.

Trainerpullovereinsatz

Blazing Star

2 verschiedene Schablonen (beachten Sie die Bemerkungen bei der Anleitung der Tasche)

Zuschneiden: 4 × A Streifen
4 × B schwarz
4 × B rot

Das Muster ist eine sogenannte Einheit des Blazing Stars (Sternhälfte in der Diagonale).

1. Stern zusammennähen und bügeln.
2. 2½ cm breiten Rand an den zwei geraden Kanten annähen.
3. Leicht wattieren.
4. Auf allen drei Seiten die Nahtzugabe umschlagen, mit Fadenschlag heften.
5. Auf Trainer plazieren, aufstecken, gut heften.
6. Direkt durch den Trainerstoff quilten.
7. Die Kanten mit feinen Saumstichen annähen.

Nähen Sie eine Sternhälfte in zarten Farben und applizieren Sie diese auf den Rücken einer langweiligen, weissen Bluse. Der Erfolg ist garantiert.

Trainerpullovereinsatz, Taschen, Etui

Schwarze Tasche mit Kartentrick

Patchworkmuster wie Spielteppich

Schablonen und Zuschneideanleitung siehe Spielteppich Seite 50.

Hinweis: Diesen «Kartentrick» finden Sie fotografiert in der Arbeitsanleitung unter «Nähen».

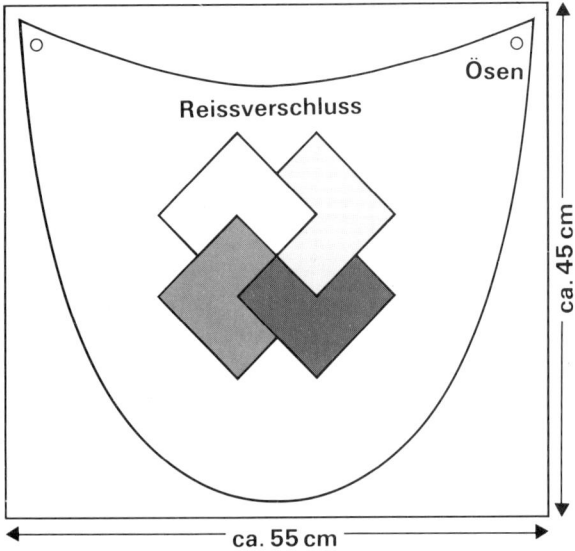

1. Patchworkmuster zusammennähen und bügeln.
2. Mit Umrandung (Streifen ansetzen) ergänzen, Grösse ca. 55 cm breit, 45 cm hoch.
3. Wattieren und quilten.
4. Taschenrückseite zuschneiden, gleiche Grösse wie Vorderseite, ebenfalls wattieren und quilten.
5. Taschenform ausschneiden, gemäss Zeichnung oder nach eigenen Wünschen.
6. Obere Kanten mit Zickzackstich abnähen.
7. Groben Nylonreissverschluss aufnähen, so dass das Stoffband auf der Oberseite sichtbar ist (das ist sehr einfach und zugleich dekorativ).
8. Beide Teile rechte auf rechte Seite aufeinanderlegen, steppen, Naht mit Zickzack abnähen.
9. Tasche wenden und die Naht gut ausstreichen.
10. Ösen einpressen (oder im Merceriegeschäft machen lassen).
11. Kordel einziehen und zusammennähen.

Tip:
Die Taschenrückseite mit der Nähmaschine quilten.

Abend-, Schmuck- und Toilettentäschchen

Wenn eine Lady auf Reisen geht!

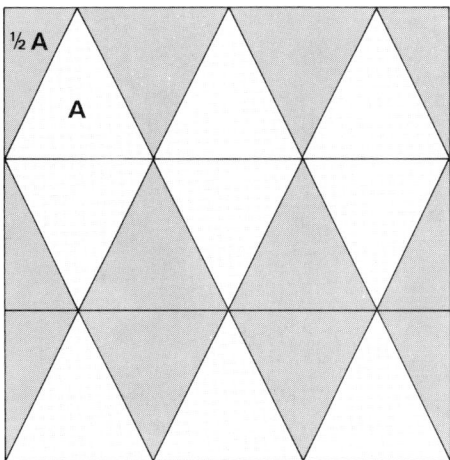

Dog Tooth (Hundezahn)

Toilettentäschchen

Dog Tooth

Patchworkmuster 24 × 16 cm

2 verschiedene Schablonen

Zuschneiden: 10 × A
               4 × ½ A } Farben nach Wahl

1. Patchworkmuster zusammennähen und bügeln.
2. Wattieren und quilten.
3. Rückseite zuschneiden (gleich gross wie fertige Patchworkvorderseite), ebenfalls wattieren und quilten.
4. Mittelstreifen zuschneiden (Streifen von 52 × 6 cm), ebenfalls wattieren und quilten. die beiden schmalen Seiten säumen oder einfassen.
5. Den vorbereiteten Mittelstreifen auf die Taschenvorderseite steppen (2 Schmal- und eine Längskante). Begonnen wird seitlich, ca. 3 cm unterhalb der oberen Kante. Die Nähte kommen auf die Aussenseite zu liegen.
6. Taschenrückseite ansteppen, wie Vorderseite (Punkt 5).
7. Kanten von Vorder- und Rückseite ringsum mit einem Schrägband einfassen.
8. Reissverschluss ca. 30 cm lang einnähen. Überlänge stehen lassen und mit Stoffstück Lasche anfertigen und annähen.

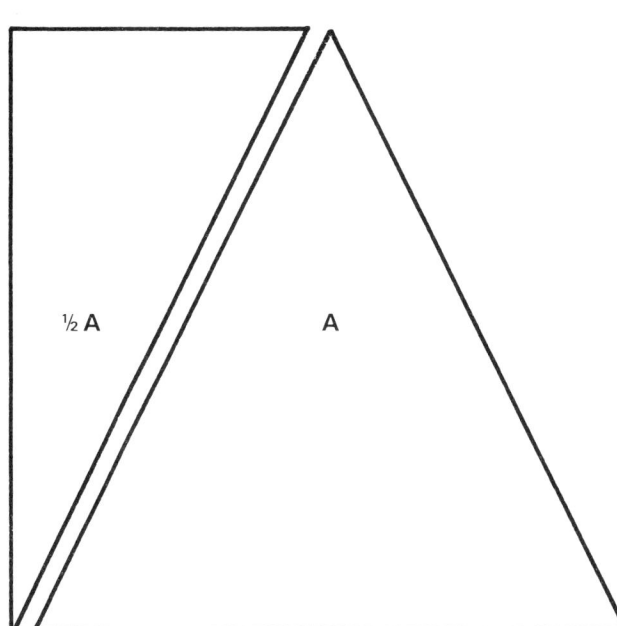

Abendtäschchen

Dog Tooth

Patchworkbordüre 24 × 8 cm

Zuschneiden: 5 × A
2 × ½ A } Farben nach Wahl

1. Patchworkbordüre zusammennähen und bügeln.
2. Stoffstück zuschneiden 25 × 28 cm (Taschenaussenseite).
3. Patchworkbordüre an die Taschenaussenseite nähen und Naht sorgfältig bügeln.
4. Ganzen Teil (25 × 35 cm) wattieren und nach eigenen Ideen quilten.
5. Rand fertigstellen mit *Briefecke aus Unterstoff.*
6. 12 cm breit auf die Innenseite umschlagen, die Seiten mit feinen Stichen zunähen. Verschluss annähen (Knopf und Öse).

Schmucktäschchen

Dog Tooth

Patchworkmuster 16 × 16 cm

Zuschneiden: 6 × A
4 × ½ A } Farben nach Wahl

1. Patchworkmuster zusammennähen und bügeln.
2. Wattieren und quilten.
3. Rückseite zuschneiden (gleich gross wie fertige Patchworkvorderseite), ebenfalls wattieren und quilten.
4. Beide Teile zum Einfassen vorbereiten (sauber schneiden).
5. Obere Kante einfassen und Reissverschluss einnähen.
6. Teile aufeinanderlegen, rechte Seite aussen, die drei Seiten steppen.
7. Mit Schrägband einfassen.

```
        Rückseite von PW-Muster


                 ⅓

- - - - - - - - - - - - - - - - - - -

                 ⅓                      umschlagen

- - - - - - - - - - - - - - - - - - -

                 ⅓


```

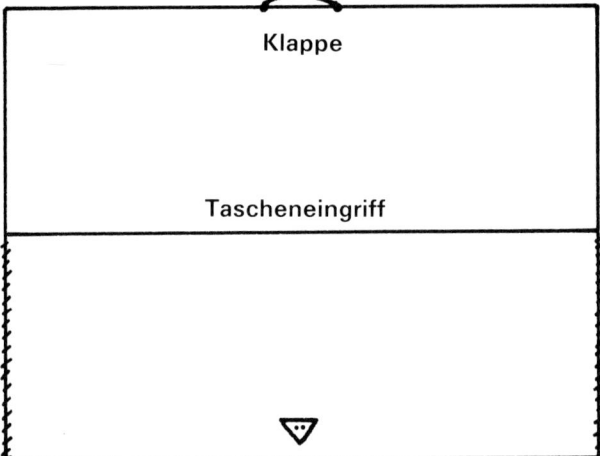

Mit diesen 3 Täschchen zeigen wir Ihnen, wie Sie mit einzelnen Schablonen und Mustereinheiten eigene Kombinationen und Formen gestalten können.

Schmucktäschchen, Abendtäschchen, Toilettentäschchen

Gemütliches Patchen am Chemineefeuer

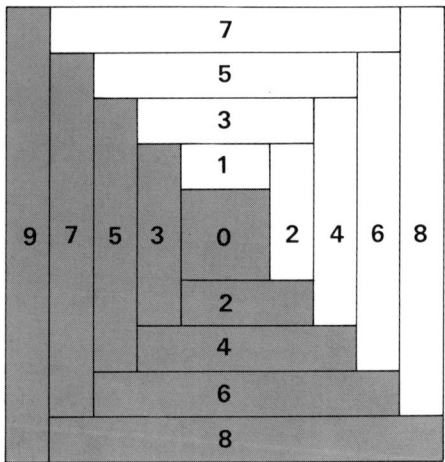

Log Cabin (Blockhütte)

Topflappen

Log Cabin

Patchworkmuster 15 × 15 cm

10 verschiedene Schablonen, klein

Zuschneiden: 1 × 0 dunkel
1 × 1 hell
2–8 je 1 × hell, 1 × dunkel
1 × 9 dunkel

1. Die Blockhütte von der Mitte aus in der Reihenfolge der Schablonennummern zusammennähen.
2. Bügeln.
3. Mit Molton oder Wollstoff (kein Vlies, siehe Kästchen) wattieren und quilten.
4. Mit Schrägband einfassen und Aufhänger einnähen.

Der Topflappen kann auch mit den grossen Schablonen genäht werden oder in einem beliebigen anderen Muster.

Wichtig: Die Einlage sollte nicht aus Polyesterwatte sein, da diese die Wärme leitet.

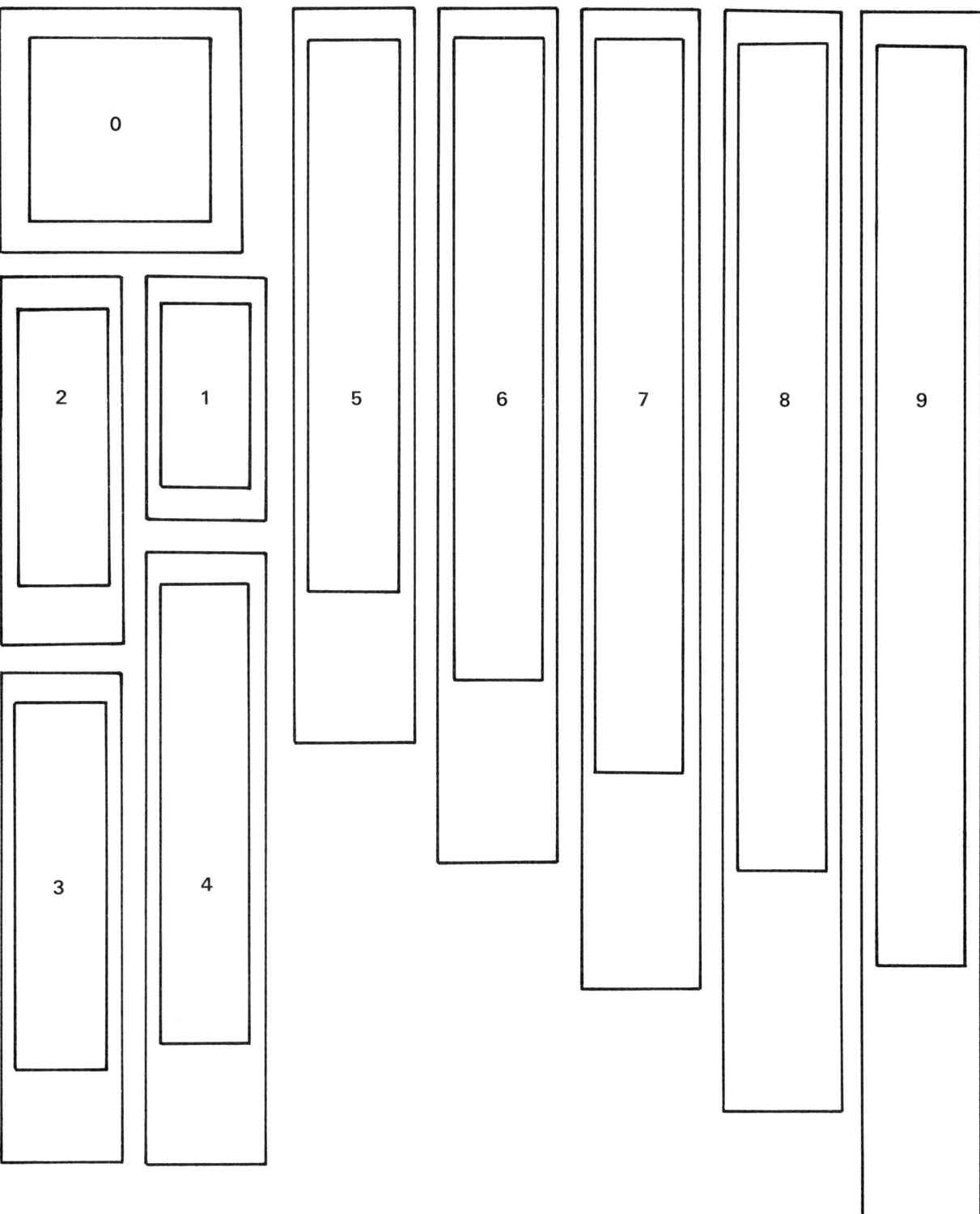

Nähetui, Cheminee-Handschuh, Topflappen

Würfel-Topflappen

Baby Block

1 Schablone

Zuschneiden: 3 × A, hell, mittel, dunkel

1. Patchworkwürfel zusammennähen und
bügeln.
2. Mit Molton oder Wollstoff (kein Vlies, siehe
Kästchen Seite 62) wattieren und quilten.
3. Mit Schrägband einfassen
und Aufhänger annähen.

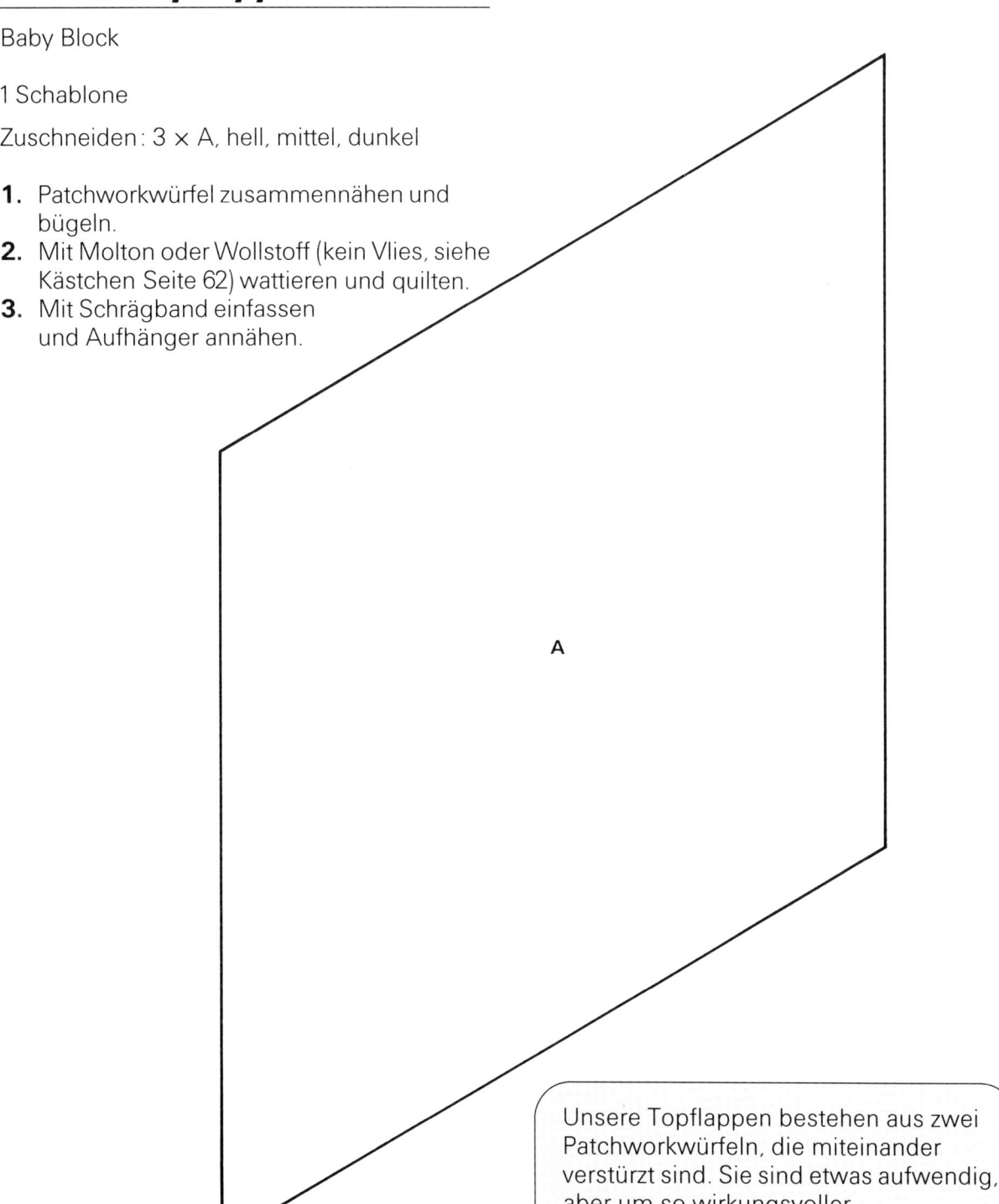

A

Unsere Topflappen bestehen aus zwei
Patchworkwürfeln, die miteinander
verstürzt sind. Sie sind etwas aufwendig,
aber um so wirkungsvoller.

Nähetui

Log Cabin

Patchworkmuster 15 × 15 cm

Schablonen wie Topflappen

Zuschneiden: 2 × wie Topflappen

1. Zwei einzelne Patchworkmuster zusammennähen und bügeln.
2. Beide Muster wattieren und quilten.
3. Die zwei gegen die Mitte liegenden Seiten (Tascheneingriffe) mit Schrägband einfassen.
4. Etui-Unterseite: 2 Stoffteile von 15 × 50 cm zuschneiden, wattieren und nach eigener Idee quilten.
5. Nadelkissen: 14 × 16 cm zuschneiden, in der Länge falten und die Längsseite zunähen, wenden; 1. Schmalseite zunähen, gut stopfen und die andere Schmalseite ebenfalls zunähen.
6. Beide Patchworkmuster und das Nadelkissen auf die Unterseite heften (siehe Foto) und rundherum mit einem Schrägband einfassen.
   Bei den Etui-Taschen können Sie eventuell einen Reissverschluss oder Klettverschluss einnähen.
   Als Etui-Verschluss eignet sich ein Knopf- oder Bänderverschluss.

Cheminee-Handschuh

Nine Patch

Die Schablone finden Sie auf Seite 24

1 Schablone, mittel

Zuschneiden: 42 × A, in beliebiger Farbzusammenstellung

1. Patchworkmuster zusammennähen (siehe Zeichnung) und bügeln.
2. Wattieren und quilten.
3. Rückseite des Handschuhs 28 × 24 cm zuschneiden. Mit Molton oder Wollstoff (kein Vlies, siehe Kästchen Seite 62) wattieren. Quilten (eventuell mit der Nähmaschine, da sich der Molton nicht gut quilten lässt).
4. Beide Teile nach dem Schnittplan zuschneiden und auf der rechten Seite zusammennähen.
5. Mit Schrägband einfassen.
6. Handschuheingriff mit Schrägband einfassen und zugleich Aufhänger einnähen.

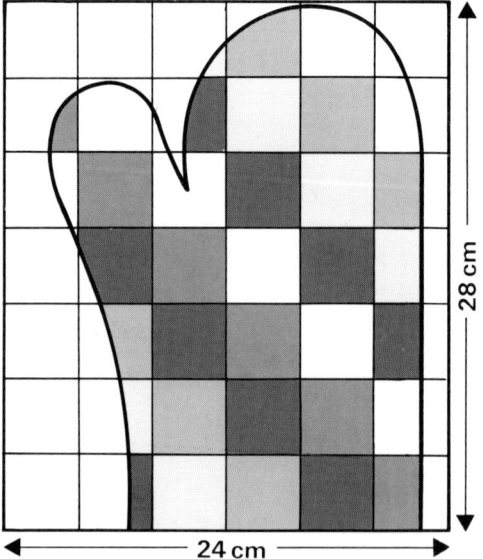

Stecknadelkissen und Buchhülle

Spielerei mit Stoffen

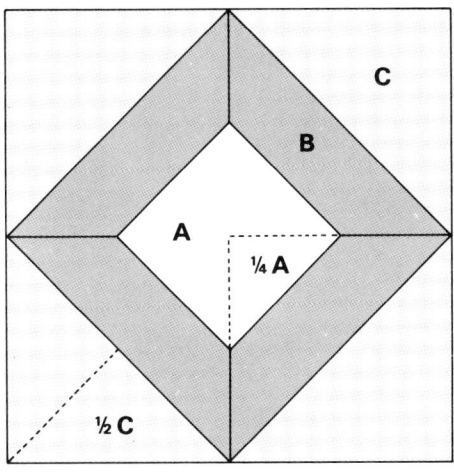

The Blockade (Die Blockade)

Patchworkmuster 16 × 16 cm

3 verschiedene Schablonen

Zuschneiden: 1 × A oder 4 × ¼ A
4 × B
4 × C oder 8 × ½ C

Die Schablonen ¼ A oder ½ C werden bei Streifen- oder Bordürenstoff verwendet.

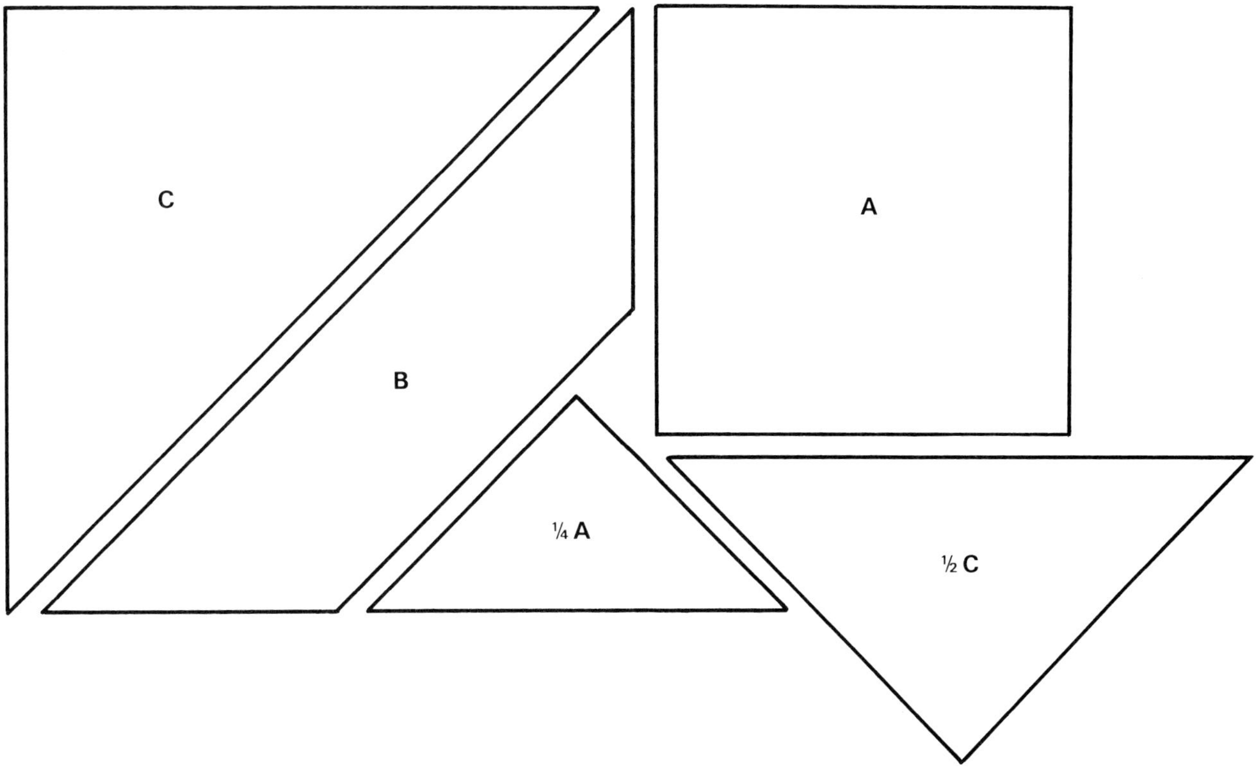

C

B

A

¼ A

½ C

Stecknadelkissen

The Blockade

1. Patchworkmuster zusammennähen und bügeln.
2. Wattieren und quilten.
3. Kissenunterseite zuschneiden 16 × 16 cm und Nahtzugabe.
4. Ober- und Unterseite verstürzen.
5. Wenden, stopfen und zunähen.
6. Nach Wunsch Rand mit Kordel oder Spitze verzieren.

Buchhülle

The Blockade

1. Patchworkmuster zusammennähen.
2. Ecken ansetzen (Umrandung 4).
3. Mit Stoff auf Buchgrösse ergänzen (Zeichnung 1).
4. Wattieren, quilten.
5. Rand fertigstellen.
6. Um die Buchdeckel einstecken zu können, 8 cm breite Stoffstreifen an die Innenseite der Hülle nähen (Zeichnung 2).

Zeichnung 1
Buchhülle
Aussenseite

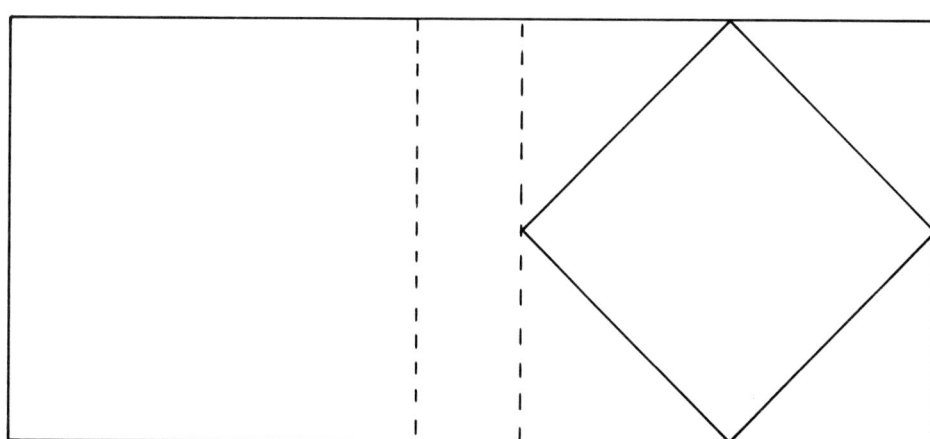

Zeichnung 2
Innenseite

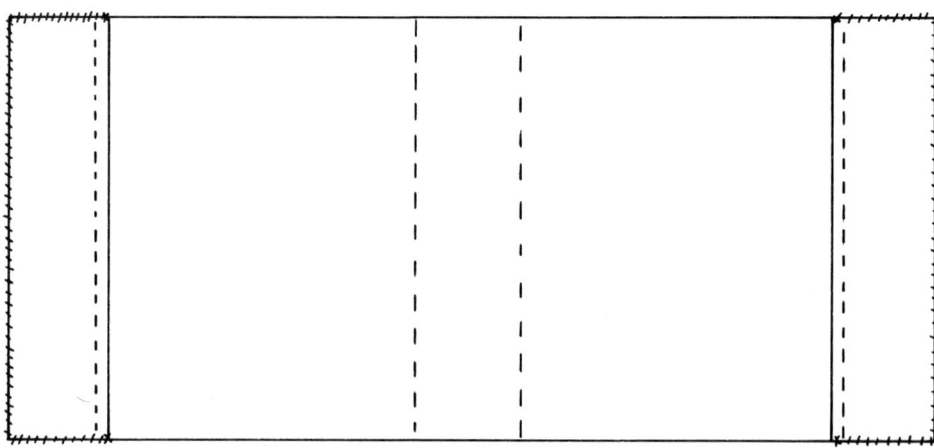

Stecknadelkissen und Buchhülle

Sterne, Sterne, Sterne...

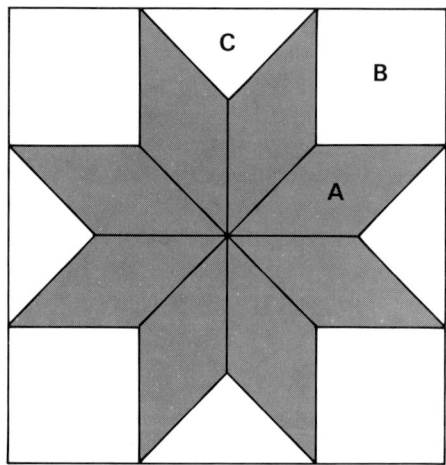

Eight Pointed Star (Achtpunkte-Stern)

Kissen mit grossem Stern

Eight Pointed Star

Patchworkmuster 30 × 30 cm

3 verschiedene Schablonen, gross

Zuschneiden: 8 × A
4 × B
4 × C

1. Stern zusammennähen.
2. Umrandung annähen und bügeln.
3. Wattieren und quilten.
4. Kissenrückseite zuschneiden (eventuell Reissverschluss einnähen).
5. Ober- und Unterseite verstürzen.
6. Wenden, Kissen einlegen und zunähen.

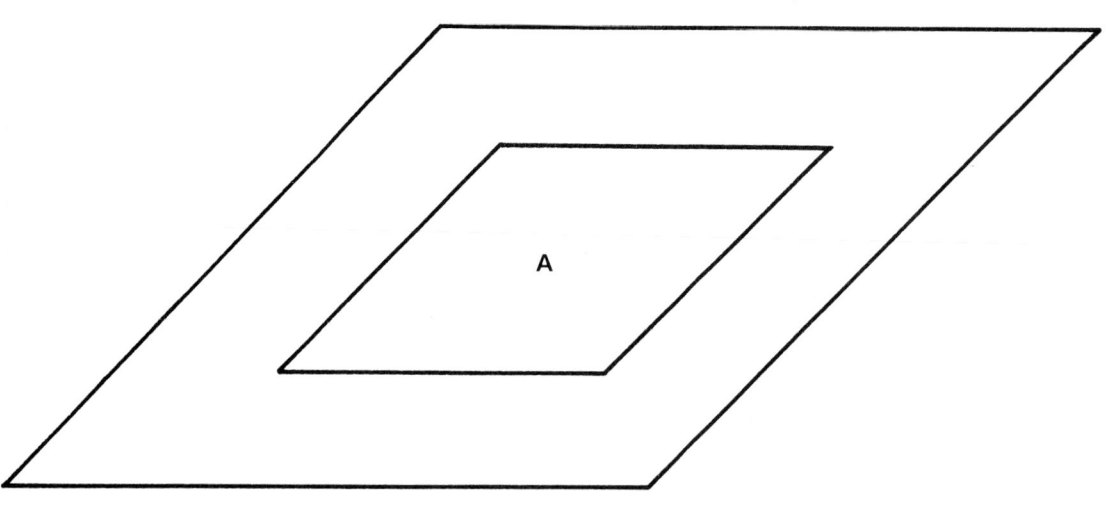

Kleines Bild

Eight Pointed Star

Patchworkmuster 15 × 15 cm

3 verschiedene Schablonen, klein

Zuschneiden: 8 × A
4 × B
4 × C

1. Stern zusammennähen.
2. Die Umrandung des Patchworkmusters auf die Masse des vorhandenen Rahmens ergänzen.
3. Bügeln.
4. Wattieren und quilten.
5. Bild in Rahmen legen und von der Rückseite her befestigen.

Kissen mit kleinem Stern und Umrandungen

Eight Pointed Star

Patchworkmuster 15 × 15 cm

3 verschiedene Schablonen, klein

Zuschneiden: 8 × A
4 × B
4 × C

1. Stern zusammennähen.
2. Umrandungen annähen und bügeln (Eckquadrate Schablone B).
3. Wattieren und quilten.
4. Kissenrückseite zuschneiden (eventuell Reissverschluss einnähen).
5. Ober- und Unterseite verstürzen.
6. Wenden, Kissen einlegen und zunähen.

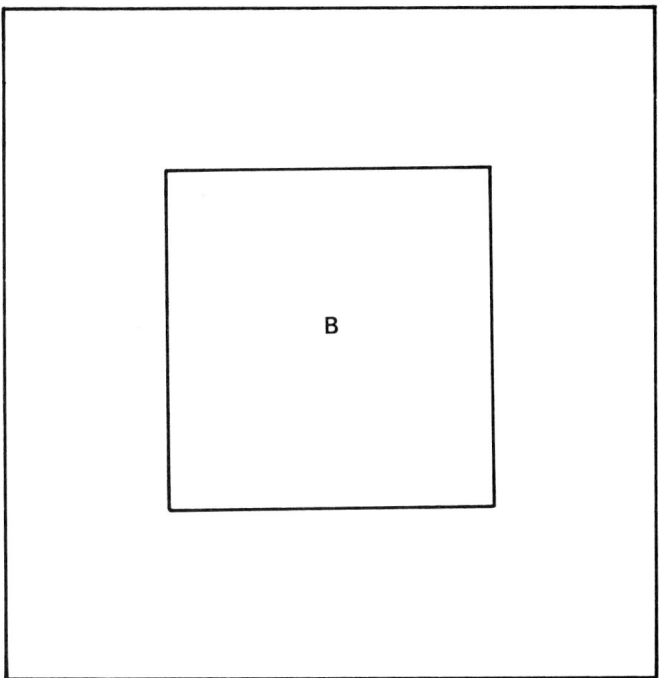

Kissen, Deckchen und Bild

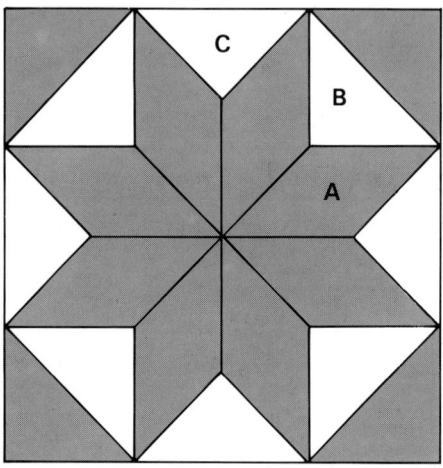

Blazing Star (Leuchtender Stern)

Quadratisches Deckchen

Blazing Star

Patchworkmuster 15 x 15 cm

3 verschiedene Schablonen

Zuschneiden: 8 x A
4 x B hell
4 x B dunkel
4 x C

1. Stern zusammennähen.
2. Umrandung annähen und bügeln.
3. Wattieren und quilten.
4. Rand fertigstellen.

Achtung: Schablonen B und C sind in der Grösse fast gleich.
Beachten Sie: Die äusseren Hälften der vier Ecken (Schablone B) müssen aus dem Umrandungsstoff zugeschnitten werden, damit das Sternmuster rund wirkt.

Rundes Deckchen

Blazing Star

Patchworkmuster 15 x 15 cm

3 verschiedene Schablonen

Zuschneiden: 8 × A
                4 × B hell
                4 × B Umrandungsstoff
                4 × C

1. Stern zusammennähen.
2. Umrandung nach Zeichnung 1 oder 2, je nach gewünschter Grösse.
3. Bügeln.
4. Wattieren und quilten.
5. Rund ausschneiden.
6. Mit Schrägband einfassen.

Damit das Deckchen rund geschnitten werden kann, muss das Patchworkmuster mit einer Umrandung ergänzt werden. Entweder nach Zeichnung 1 für 21 cm Durchmesser oder nach Zeichnung 2, wenn ein grösserer Durchmesser gewünscht wird.

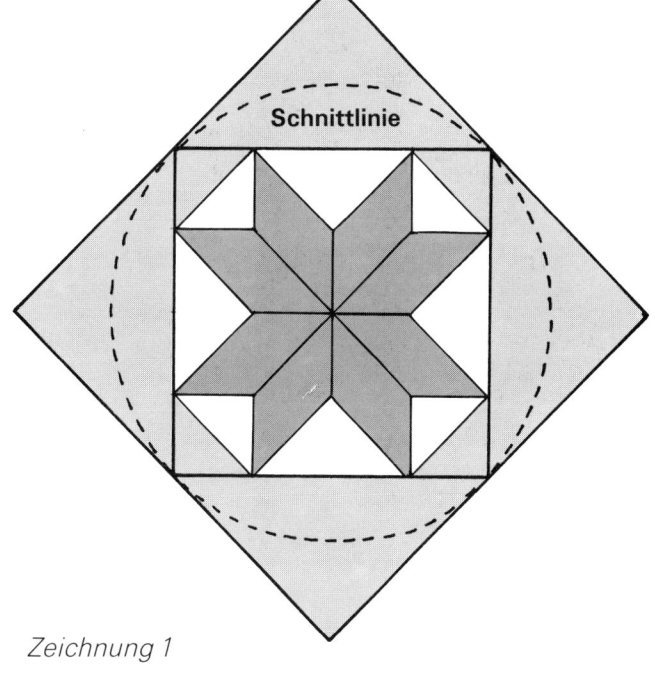

Zeichnung 1

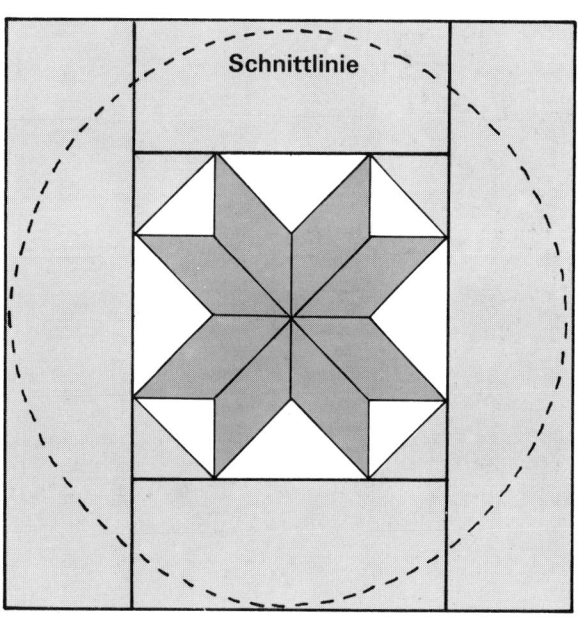

Zeichnung 2

Kissen und Zeitungshalter

Sinfonie in Blau

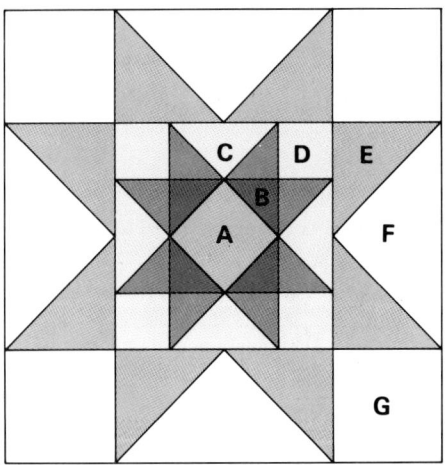

Stars and Squares (Sterne und Quadrate)

Grosses Kissen

Stars and Squares

Patchworkmuster 30 × 30 cm

7 verschiedene Schablonen

Zuschneiden: 1 × A
4 × B ⎤ 2 verschiedene
8 × B ⎦ Farbtöne (siehe Bild)
4 × C
4 × D
8 × E
4 × F
4 × G

1. Stern zusammennähen.
2. Mit Umrandung auf gewünschte Kissengrösse ergänzen (Grundfarbe) und bügeln.
3. Wattieren und quilten (bei diesem Kissen wurde über die Umrandung gequiltet).
4. Kissenrückseite zuschneiden (eventuell Reissverschluss einarbeiten).
5. Die beiden Teile miteinander verstürzen.
6. Wenden, Kissen einlegen und zunähen.

G

Kleines rechteckiges Kissen

Stars and Squares

Patchworkmuster 15 × 15 cm

4 verschiedene Schablonen

Zuschneiden: 1 × A
4 × B ⎱ 2 verschiedene
8 × B ⎰ Farbtöne (siehe Bild)
4 × C
4 × D

1. Patchworkmuster zusammennähen.
2. Umrandung (auf gewünschte Kissengrösse) annähen und bügeln.
3. Wattieren und quilten.
4. Kissenrückseite zuschneiden (eventuell
   Reissverschluss einarbeiten).
5. Beide Teile miteinander verstürzen.
6. Wenden, Kissen einlegen und zunähen.

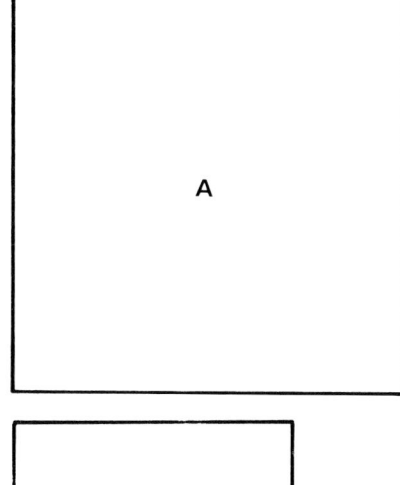

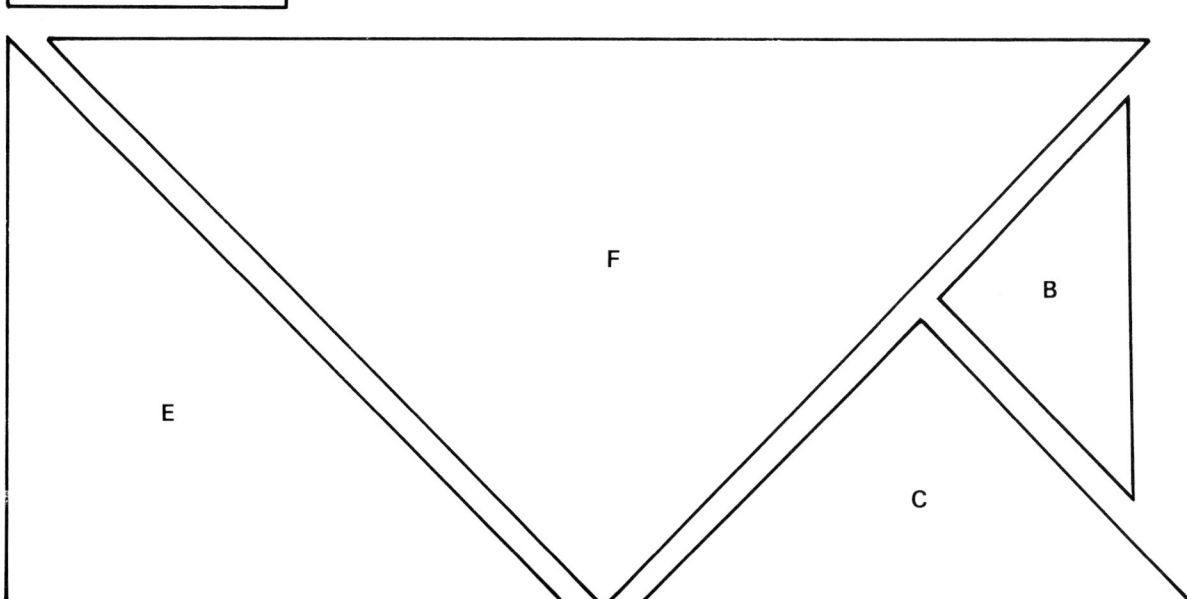

Kissen und Zeitungshalter

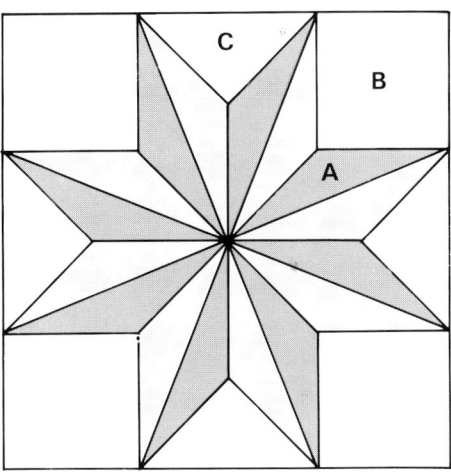

Star of the East (Stern des Ostens)

Kissen

Star of the East

Patchworkmuster 30 × 30 cm

3 verschiedene Schablonen

Zuschneiden: 8 × A hell
8 × A dunkel
4 × B ⎤
4 × C ⎦ Grundfarbe

Dieses Kissen ist genau gleich gearbeitet wie das braun-beige Kissen mit dem grossen Stern auf Seite 70.

B

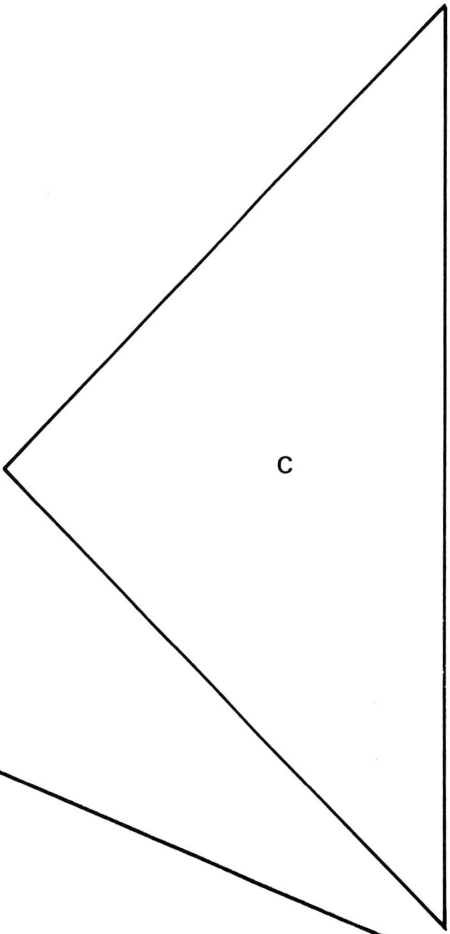

C

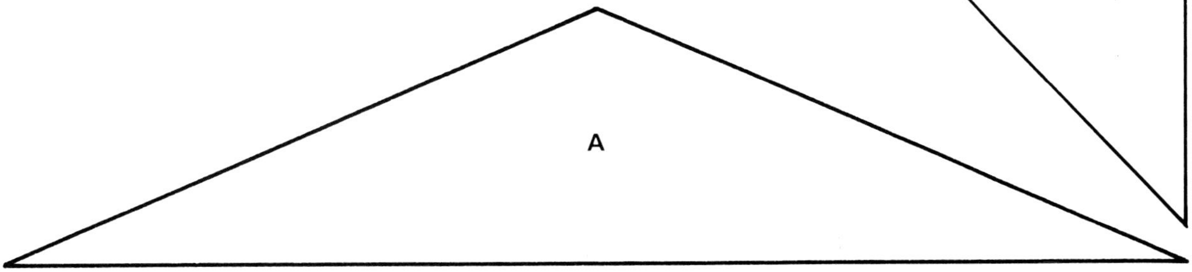

A

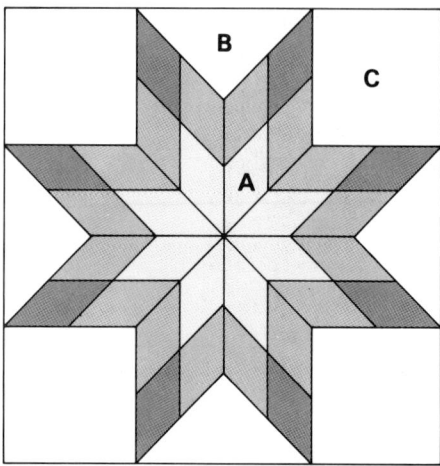

Lone Star (Einsamer Stern)

Zeitungshalter zum Aufhängen

Lone Star

Patchworkmuster 30 × 30 cm

3 verschiedene Schablonen

Zuschneiden: 8 × A hell
16 × A mittel
 8 × A dunkel
 4 × B ⎤ die Schablonen B + C
 4 × C ⎦ finden Sie auf Seite 79.

1. Stern zusammennähen.
2. Patchworkmuster mit Stoff ergänzen (Zeichnung 1).
3. Bügeln.
4. Ganzer Teil in der Mitte falten und die beiden Längsseiten verstürzen (Zeichnung 2).
5. Wenden.
6. Das zugeschnittene Vlies (30 × 75 cm) einlegen.
7. Patchworkmuster und evtl. auch Rückseite quilten.
8. An der Unterkante des Musters umschlagen, Seiten mit feinen Saumstichen zusammennähen und Kordel annähen.
9. Oben 5 cm breiten Saum für Aufhängestange nähen und Kordel anknoten.

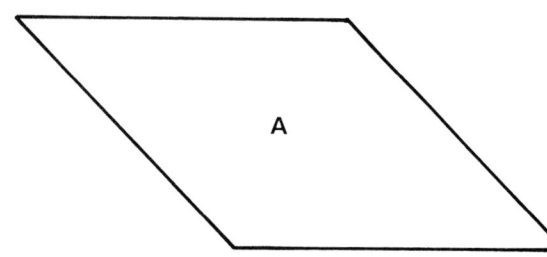

A

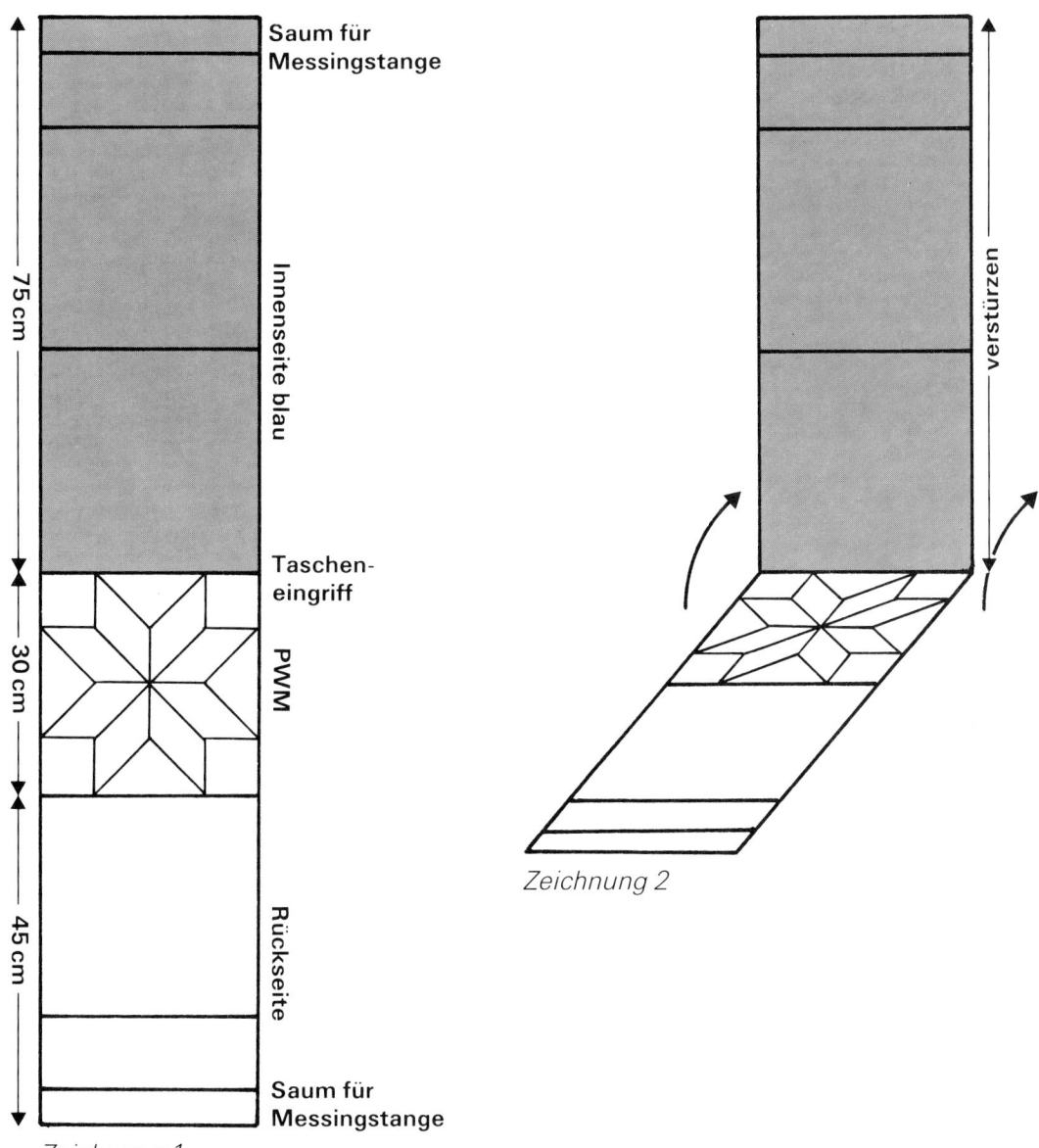

Zeichnung 1

75 cm

Saum für Messingstange

Innenseite blau

Tascheneingriff

30 cm — PWM

45 cm

Rückseite

Saum für Messingstange

Zeichnung 2

verstürzen

Puppenbettgarnitur

für eifrige Puppenmütter

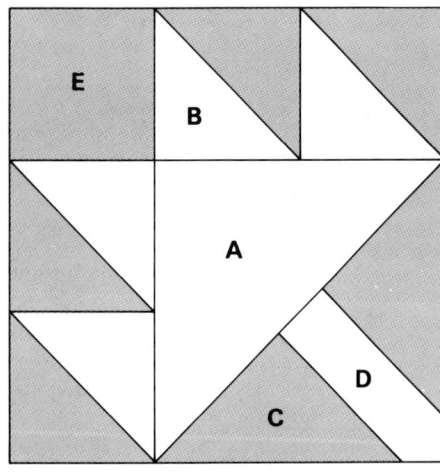

Cactus Flower (Kaktusblüte)

Patchworkmuster:

Decke   15 × 15 cm, fertig 40 × 40 cm
           grosse Schablonen

Kissen   9 × 9 cm, fertig 28 × 19 cm
           kleine Schablonen

5 verschiedene Schablonen

Zuschneiden: 1 × A   Blumenfarbe
               4 × B   Blumenfarbe
               4 × B   Grundfarbe
               2 × C   Grundfarbe
               1 × D   Blumenfarbe
               1 × E   Grundfarbe

Puppenbettgarnitur

1. Patchworkmuster zusammennähen und bügeln.
2. Umrandung 2½ cm breit oder nach Ihrem Stoffmuster.
3. Umrandung 4 annähen (Blüte auf Spitze stellen).
4. Mit Umrandung 1 (Streifen) auf gewünschte Grösse ergänzen. Das Kissen nur seitlich ergänzen.
5. Wattieren und quilten, z. T. Freihandquilten.
6. Decken- und Kissenunterseite vorbereiten, evtl. mit eingearbeitetem Reissverschluss.
7. Die beiden Teile miteinander verstürzen, wenden, Naht gut ausstreichen und die Kissen einlegen.

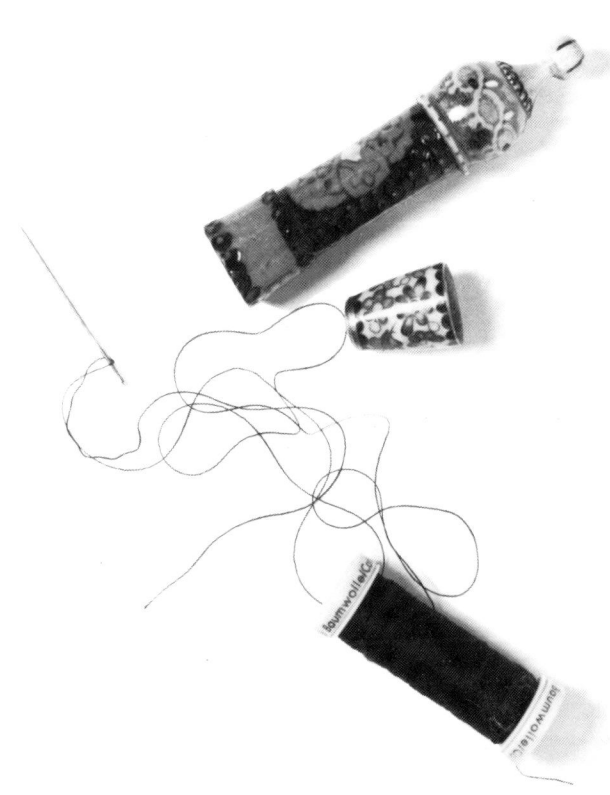